I0119842

Mecklenburgischer Patriotischer Verein

Über die Verhältnisse der ländlichen Arbeiterklassen, über Auswanderung und Arbeitermangel in Mecklenburg

Mecklenburgischer Patriotischer Verein

Über die Verhältnisse der ländlichen Arbeiterklassen, über Auswanderung und Arbeitermangel in Mecklenburg

ISBN/EAN: 9783742809285

Hergestellt in Europa, USA, Kanada, Australien, Japan

Cover: Foto ©Lupo / pixelio.de

Manufactured and distributed by brebook publishing software (www.brebook.com)

Mecklenburgischer Patriotischer Verein

Über die Verhältnisse der ländlichen Arbeiterklassen, über Auswanderung und Arbeitermangel in Mecklenburg

Bericht

der vom

Mecklenburgischen patriotischen Vereine ernannten Commission

zur Berathung

über die

Verhältnisse der ländlichen Arbeiterklassen

über

Auswanderung und Arbeitermangel

in

Mecklenburg.

———————

Schwerin 1873.

Druck der Hofbuchdruckerei von W. Sandmeyer.

Inhalt.

Zur Hauptversammlung des Mecklenburgischen patriotischen Vereins in Parchim am 6. Juni 1872 war Seitens des Districtes Waren der Antrag gestellt, eine Verhandlung über die Arbeiterfrage auf der Hauptversammlung zu veranlassen, wenn auch dieser Antrag der Kürze der Zeit wegen den Districten nicht mehr mitgetheilt werden könnte.

Diesem Antrage wurde Seitens des Hauptdirectoriums Folge gegeben und nach längerer Besprechung beschloß die Hauptversammlung:

Es soll eine Commission von neun Mitgliedern durch das Hauptdirectorium ernannt werden, welche das Recht haben soll, andere Mitglieder des Vereins zu cooptiren. Diese Commission wird beauftragt, alles einschlagende Material zu sammeln, damit dasselbe den Districten zur Berathung vorgelegt werden könne.

Zu Mitgliedern der Commission ernannte das Hauptdirectorium die Herren:

Kammerherr **Graf von Bassewitz** auf Wesselsdorf,
Burchard zu Rittermannshagen,
Fischer auf Lischow,
Lemcke auf Gr. Dratow,
Pogge auf Blankenhof,
Pogge auf Gevezin,
Satow auf Prützen,
Graf von Schlieffen auf Schliessenberg,
Schumacher zu Zarchlin.

In ihrer constituirenden Versammlung wählte die Commission zum Vorsitzenden den Herrn Lemcke auf Gr. Dratow, zum Schriftführer den Herrn Satow auf Prützen und beauftragte die Herren Graf von Bassewitz auf Wesselsdorf und Schumacher zu Zarchlin mit dem

Entwurfe eines Fragebogens, den jedes Commissionsmitglied demnächst beantworten solle. Dieser Fragebogen wurde von der Commission angenommen und lautet:

I. Welches ist die wirthschaftliche Lage der arbeitenden Klassen in Mecklenburg:

   a. der unverheiratheten Dienstboten?

   b. des verheiratheten Gesindes?

   c. der freien Arbeiter?

II. Liegt in diesen Verhältnissen ein Grund:

   a. zur Unzufriedenheit der arbeitenden Klassen?

   b. zur Auswanderung?

   c. zum Arbeitermangel?

III. Hat die Unzufriedenheit der arbeitenden Klassen, hat die Auswanderung und hat der Arbeitermangel sonstige Gründe?

IV. Wie groß ist die Auswanderung:

   a. in überseeische Länder?

   b. in die großen auswärtigen Städte?

   c. in die Mecklenburgischen Landstädte?

V. Auf welchem Wege ist Ersatz für fehlende Arbeitskräfte zu beschaffen?

VI. Kann der Unzufriedenheit der arbeitenden Klassen, der Auswanderung und dem Arbeitermangel vorgebeugt werden:

   a. durch Maßnahmen, welche die materielle Lage der Arbeiter ergreifen?

   b. durch gesetzliche Bestimmungen, welche eine veränderte Ordnung der Arbeiterverhältnisse ermöglichen?

Demnächst wurde zum Referenten der Commission Herr Graf von Bassewitz auf Wesselsdorf, zum Correferenten Herr Schumacher zu Zarchlin ernannt und haben die einzelnen Commissionsmitglieder an die Referenten ihre Vota eingesandt mit Ausnahme des Herrn Schumacher zu Zarchlin, welcher den Wunsch aussprach, anstatt durch ein Specialvotum, seine Ansicht durch Uebersendung einer Reihe von gedruckten und von ihm verfaßten Schriftstücken darlegen zu dürfen; seine spätere Bereitwilligkeit, den Fragebogen vorschriftsmäßig zu beantworten, ist durch schwere Krankheit verhindert.

Nachdem die Commission in mehreren Sitzungen über die vor=
liegende Frage eingehend verhandelt hatte, und nachdem die Commission
vom Inhalte der einzelnen Vota sowie vom Referate und Correferate
Kenntniß genommen, wurden in der Schlußsitzung am 10. März d. J.
diejenigen Resolutionen angenommen, welche in Nr. 13 des Vereins=
blattes vom 28. März Seitens des Hauptdirectoriums veröffentlicht sind.

Dem Antrage der Commission, daß Referat und Correferat mit
den Resolutionen der Commission und mit einem actenmäßigen Vor=
berichte unter der Redaction des Herrn Schumacher zu Zarchlin gedruckt
und an alle Mitglieder des Mecklenburgischen patriotischen Vereins ver=
theilt werden möchten, hat das Hauptdirectorium gerne entsprechen und
richtet dasselbe nunmehr an die einzelnen Districte die Aufforderung, das
nachfolgende Material bei Vereinsberathungen über die wirthschaftlichen
Verhältnisse der ländlichen Arbeiterklassen in Mecklenburg, über Aus=
wanderung und Arbeitermangel zu berücksichtigen.

April 1873.

I. Welches ist die wirthschaftliche Lage der arbeitenden Klassen in Mecklenburg

a. der unverheiratheten Dienstboten?

Die Lage derselben wird von sämmtlichen Herren als eine gute und in jeder Hinsicht auskömmliche geschildert, so daß, natürlich mit Ausnahme vereinzelter Fälle, wirklicher Grund zu Klagen oder auch nur zur Unzufriedenheit nicht vorhanden sei. Selbstverständlich weichen aber die einzelnen Angaben über die Höhe des ihnen gewährten Lohns von einander ab und liegt dies sowohl darin, daß der Lohn je nach den Gegenden ein verschiedener ist, als auch darin, daß die Natural-Emolumente als z. B., Wohnung, Arzt, Apotheke, und namentlich Beköstigung verschiedenfach veranschlagt sind.

Der wirkliche Lohn schwankt:

bei Knechten zwischen	35	und	60	₰
bei Mägden	„	24	„	30 ₰
bei Hofgängern	„	18	„	30 ₰

und wird theils in baarem Gelde, theils in Naturalemolumenten verabreicht

Von den Herren Lemcke, Burchard, Satow und Pogge-Blankenhof wird darauf hingewiesen, daß derselbe eine den Zeit-verhältnissen entsprechende Steigerung erfahren und gegenwärtig 50 bis 100 pCt. mehr betrage, als vor etwa 20 Jahren. Herr Pogge-Blankenhof erwähnt dabei aber, daß, wenn auch der baare Geldlohn gestiegen und die ganze Verpflegung eine bessere geworden, dennoch die Naturalemolumente dieselben geblieben und man in sofern seit den letzten 25 Jahren wohl nur eine Gesammtsteigerung von 10—12 pCt. annehmen könne.

Ueber die Beköstigung hat Herr Graf Schlieffen eine detaillirte Berechnung aufgestellt, nach welcher dieselbe bei den Knechten 90 ₰, bei den Mädchen 75 ₰ beträgt; und da auch die Angaben der übrigen Herren zwischen 80 und 100 ₰ sich bewegen, so wird man diese von

Herrn Grafen Schlieffen aufgestellte Berechnung wohl als annähernd richtig annehmen können.

Es stellt sich demnach:

der Lohn eines Knechtes im Mittel auf:

An baarem Gelde incl. des in einzelnen Gegenden üblichen Sackgeldes und des stellenweise verabreichten Leins . . 45 ⚜

Miethsgeld . . . . 1 „

Alle 2 Jahr einen Reiserock zu 10 ⚜ . . . . . . 5 „

Wohnung, Feuerung, Licht, Wäsche . . . . 5 „

Beköstigung:

   a. Brod 14 Pfd. pr. Woche im Sommer⎫
      „ 12 „ „ „ „ Winter⎰
     also 676 Pfd. Brod = 613 Pfd. Rog=
     gen = 10½ Scheffel à 1 ⚜ 24 ß . 15 ⚜ 36 ß

   b. Butter, Schmalz pr. Woche 1 Pfd. zu
     durchschnittlich 17 ß . . . . . . 18 „ 20 „

   c. Kartoffeln 26 Scheffel à 20 ß . . 10 „ 40 „

   d. Fleisch und Speck ca. 100 Pfd. à 6 ß 12 „ 24 „

   e. Milch ca. 1½ Pott täglich à 1½ ß . 17 „ 6 „

   f. Hering, Gemüse und andere Zuthaten . 14 „ 18 „

   g. Bier und Branntwein . . . . . 6 „ — „

   h. Mehl zu Suppen ꝛc. . . . . . 3 „ — „ 98 „

Arzt, Apotheke, Krankenpflege . . 2 „

Summa 156 ⚜

Der Lohn eines Mädchens im Mittel auf:

An baarem Gelde . . . . . . 22 ⚜ — ß

Miethsgeld . . . . 1 „ — „

1 Pfd. Wolle . . . . — „ 32 „

12 Ellen Flächsen=Lein à 12 ß . . 3 „ — „

12 Ellen Heden=Lein à 8 ß . . . 2 „ — „

16 □Rth. Lein (1 Baß) à 6 ß . . 2 „ — „

Weihnachtsgeschenk . . . . . — „ 40 „ 31 ⚜ 24 ß

Wohnung, Feuerung, Licht, Wäsche . 6 „ — „

Beköstigung:

   a. Brod 52 Wochen à 11 Pfd.
     = 572 Pfd. = 527 Pfd. Rog=
     gen = 8¾ Scheffel à 1 ⚜ 24 ß 13 ⚜ 6 ß

b. Butter, Schmalz pr. Woche ¾
   Pfd. à 17 β . . . . . . 13 ℳ 39 β
c. Kartoffeln 20 Scheffel à 20 β 8 „ 16 „
d. Fleisch ca. 90 Pfd. à 6 β . 11 „ 12 „
e. Milch 1½ Pott täglich . . 17 „ 6 „
f. Hering ꝛc. . . . . . . ca. 10 „ 19 „
g. Bier . . . . ca. 3 „ — „
h. Mehl zu Suppen ꝛc. . . ca. 3 „ — „

          80 ℳ — β
Arzt, Apotheke, Krankenpflege . . .   2 „ — „

                    Summa 119 ℳ 24 β

Der Lohn eines Hofgängers im Mittel auf:
An baarem Gelde . . . . 20 ℳ
Miethsgeld . . . . 1 „
½ Laken Flächsen-Lein . . . . 3 „
½ Laken Heden-Lein . . . . 2 „
1 Rock . . . . 3 „
16 ☐Rth. Leinland à 6 β . . . . 2 „
Wohnung, Feuerung, Licht, Wäsche . . . . . 5 „
Beköstigung etwa . . . . 60 „
Arzt, Apotheke (vom Hofe gegeben) . . . . . 2 „

                    Summa 98 ℳ

Für solchen Lohn nun sind diese Dienstboten für die Dauer ihres Contracts — welcher immer vom 24. October zum 24. October läuft und nur zu Ostern aufgekündigt werden darf — innerhalb der üblichen Arbeitsstunden zu sämmtlichen in ihr Fach schlagenden und ihren Kräften angemessenen Arbeiten verbunden. Die Knechte und Mädchen außerdem auch an Sonn- und Festtagen oder Nachts zu bringenden und Notharbeiten. — Die Hofgänger erhalten solche für den Hof geleisteten Extra-Arbeiten auch extra bezahlt. Dem Tagelöhner aber, bei welchem sie dienen, haben sie noch allerlei häusliche Dienste unentgeldlich zu leisten.

b. des verheiratheten Gesindes?

Auch deren Lage wird von sämmtlichen Herren als eine auskömmliche, wenn nicht gar gute geschildert, es wird darauf hingewiesen, daß dieselbe eine sorgenfreie ist und daß bei einiger Tüchtigkeit der Hausfrau es ihnen recht gut möglich ist, Etwas zurückzulegen. Die Herren Burchard und Satow sind jedoch der Ansicht, daß das Einkommen

des verheiratheten Gesindes nicht in dem Maaße, wie bei dem unver=
heiratheten, den Zeitverhältnissen entsprechend, gestiegen sei, sondern seit
einer langen Reihe von Jahren sich mehr oder weniger auf derselben
Höhe erhalten habe. Ersterer findet, daß das Drescherkorn trotz des
vermehrten Kornbaues nicht in dem Maaße gestiegen sei, weil in Folge
der Anwendung von Dreschmaschinen der gegebene Procentsatz ein ge=
ringerer geworden. Letzterer erkennt zwar an, daß der Tagelöhner durch
den ausgedehnteren Kornbau und durch die von den Maschinen gewähr=
ten Erleichterungen etwas mehr verdiene, findet aber, daß im Uebrigen
der Lohnsatz an baarem Gelde und an Emolumenten in Folge der im
Jahre 18¹⁵/₄₉ eingesetzten Commissionen derselbe geblieben, und daß der
Vertheil aus dem Drescherkorn in den erhöhten Kosten des Hofgän=
gers wieder aufginge. Referent Graf Bassewitz weist darauf hin, daß
wenn auch die Stellung eines Tagelöhners eine pecuniär gute und
sorgenfreie, sie dennoch eine sehr abhängige sei, und zwar einmal, weil
die sämmtlichen Contracte auf die Dauer eines vollen Jahres lauten
und eine Kündigung immer nur von Ostern auf den Herbst möglich
sei und dann besonders, weil der Tagelöhner dort, wo er arbeiten müsse,
auch zugleich mit seinen Familien wohne: weil er also bei einer Dienst=
aufkündigung mit einem neuen Dienst auch zugleich ein anderes Unter=
kommen für seine Familie zu suchen habe.

Was die Pflichten und Rechte eines Tagelöhners betrifft, so er=
wähnt Referent Graf Bassewitz, daß derselbe verpflichtet sei, jeden
Arbeitstag für die volle Arbeitszeit 2 Arbeiter und zwar 1 Mann und
1 Frau resp. für letztere den sogenannten Hofgänger zu stellen; daß
jedoch in Krankheits= und anderen dringenden Fällen hiervon Abstand
genommen werde, ohne jeden anderen Abzug, als daß der geringe
baare Tagelohn nicht ausgezahlt werde. Geht die Frau selbst zu
Hofe, so hat sie in Berücksichtigung ihrer häuslichen Arbeiten eine Ver=
günstigung von 2 Stunden, indem sie Morgens und Mittags
½ Stunde später zur Arbeit kommt und Nachmittags und Abends die=
selbe ½ Stunde früher verläßt.

Für Leistungen außerhalb der gewöhnlichen Arbeitszeit erhält der
Tagelöhner Extra=Vergütungen.

Die Rechte des Tagelöhners liegen in seinem Einkommen, das
wesentlichste derselben ist seine Berechtigung zum Dreschen. Außerdem
wird er aber noch mannigfacher Vergünstigungen theilhaftig, die er zwar
nicht verlangen kann, die ihm aber doch, wo ein gutes Verhältniß
zwischen ihm und seinem Herrn besteht, gewährt werden. Hierzu sind
zu rechnen: Bevorzugung bei Accord=Arbeiten, bei denen es Etwas zu

verdienen giebt, zinsenlose Vorschüsse an Geld und Naturalien in Un=
glücksfällen, Hülfen bei Confirmationen, Krankheits= oder Todesfällen,
häufig auch unentgeltliche Versicherung gegen Feuer und Hagelschaden
und dergleichen mehr.

Das Einkommen eines Tagelöhners incl. seines Hofgängers wird
von Herrn Lemcke zu 262 Rthl. 24 ßl., von Herrn Graf Schlieffen
zu 240—249 Rthl., vom Referenten zu ca. 284 Rthl. berechnet, wobei
die Einnahme eines Tagelöhners aus seiner Schweine= und Gänsehal=
tung, sowie dasjenige, was Frau und Kinder extra verdienen, nicht mit
in Anschlag gebracht worden ist. Herr Pogge=Gevezin berechnet das
Einkommen einer Tagelöhnerfamilie auf 280 Rthl. bis 320 Rthlr.
Herr Pogge=Blankenhof dasselbe zu 280 Rthl. 28 ßl. Der Unter=
schied der aufgemachten Berechnungen liegt theils darin, daß der Eine
oder Andere der Herren Einzelnes mit anzuführen vergessen, theils
darin, daß Wohnung, Feuerung re. verschieden veranschlagt sind und
endlich noch darin, daß der Eine bei dem Drescherkorn und den Prei=
sen den 10jährigen Durchschnitt, der Andere dagegen das letzte Jahr zu
Grunde gelegt hat; so wird z. B. der Ertrag aus dem Drescherkorn
berechnet von Graf Schlieffen zu 49 Rthl. 17½ ßl., von Herrn
Lemcke zu 72 Rthl., von Graf Bassewitz zu 70 Rthl., von Herrn
Pogge=Gevezin zu 86 Rthl. 17 ßl. — 96 Rthl. 4 ßl., von Herrn
Pogge=Blankenhof zu 66 Rthl. 24 ßl.

Oft ist hierbei auch wohl noch in Berücksichtigung zu ziehen, ob
gerade viel oder wenig Tagelöhner auf dem Gute vorhanden sind, weil
darnach das Drescherkorn in mehr oder weniger Theile geht.

Zieht man das Mittel der aufgestellten Berechnungen, so werden
wir finden, daß bei jetziger Conjunctur das Einkommen eines Tage=
löhners im Großen und Ganzen sich etwa folgendermaßen stellt:

a. Wohnung, bestehend aus 3—4 Wohnräumen,
   Küche, Keller, Boden, Stallung für Kuh, Schweine,
   Gänse und Federvieh . . . . 30 ℳ — ₰
b. Feuerung, bestehend theils in Holz, theils in
   Torf, durchschnittlich etwa 2 Fuder Holz à 1½ ℳ
   und 18000 eigen bereiteten Torf à M. ½ ℳ   12 „ — „
c. Garten 60 □Rth. à 4 ßl. . . . . . . 5 „ — „
d. Kartoffelland 40 □Rth. à ¾ Schffl. Ertrag,
   also 30 Schffl. — 4 Schffl. Saat = 26 Schffl.
   à 20 ₰ . . . . 10 „ 40 „
e. Roggenland 60 □Rth. zum 7. Korn = 7 Schffl.
   — 1 Schffl. Saat = 6 Schffl. à 1 ℳ 24 ₰ . 9 „ — „

f. Haferland 60 ☐Rth. zum 7. Korn = 10½ Schffl.
    — 1½ Schffl. Saat = 9 Schffl. à 40 β .   10 ℳ 40 ₰

Für e. und f. wird theilweise Korndeputat in
ähnlichem, vielleicht auch etwas geringerem
Werth gegeben.

g. Leinland 21 ☐Rth. à 6 β . . . . . .   3 „ — „

h. Futter für 1 Kuh, deren Ertrag berechnet zu .   25 „ — „

i. 2 Schafe unter dem Hofvieh oder dafür Wolle
    resp. Wollgeld . . . .   4 „ — „

k. Tagelohn für etwa 210—230 Arbeitstage incl.
    des dafür stellenweise verabreichten Korns . .   55 „ — „

l. Drescherkorn von ca. 60—70 Dreschertagen, von
    denen etwa die Hälfte mit dem Hofgänger gedroschen   80 „ — „

m. Tagelohn für den Hofgänger nach Abzug der zu
    leistenden Hoftage resp. der anstatt dessen zu zah-
    lenden Miethe . . . .   20 „ — „

n. Ernte- und Branntweingelder resp. in natura   2 „ — „

o. Freie Schule, zu welcher höchstens pro Jahr und
    Kind 1 ℳ Schulgeld zu entrichten ist . . .   4 „ — „

p. Arzt, Apotheke, Krankenhaus . . . . . .   8 „ — „

q. Armenversorgung . . . .   3 „ — „

r. Nutzhölzer, Besenreiser ꝛc. . . . . . .   1 „ — „

s. Für Fuhren (für Feuerung, Holz, Futter, Korn,
    Hebamme) . . . .   6 „ — „

t. Diversa als Kass, Tanzfeste ꝛc. . . . . .   1 „ 16 „
_____

Summa   290 ℳ — β

Dieses ist derjenige Tagelohn, welchen ein Tagelöhner mit seinem Hofgänger verdient; zieht man die
Kosten dieses Letzteren mit . . . . 89 „ — „
davon ab, so verbleiben dem Tagelöhner noch . . . 201 ℳ — β
oder für jeden der geleisteten ca. 285 Tage: 33 ßl. 9 pf. Außer dieser
von der Herrschaft gewährten Einnahme hat der Tagelöhner aber noch
verschiedene Nebeneinnahmen, z. B. aus der Gänsehaltung und Schweine-
haltung, aus dem Verdienste seiner Frau und Kinder — wenn sie zur
Arbeit kommen —, und endlich, aus dem Ueberverdienst bei Accordarbeiten.

Der Mann erhält in der Regel einen baaren Tagelohn von 8 bis
12 ßl., der Hofgänger einen solchen von 5 — 7 ßl., die Frau, wenn
sie zur Arbeit kommt, theils 8 ßl., theils auch pr. Stunde 1 ßl., die
Kinder 4—6 ßl.

Das Einkommen der sogenannten Deputatisten ist so ziemlich das=
selbe, theils etwas höher, theils etwas niedriger als das der Tagelöhner.
Sie erhalten dasselbe wie die Tagelöhner, mit Ausnahme des baaren
Tagelohns, des Roggen= und Haferlandes, des Drescherkorns und des
Korns zu abgemindertem Preise, dafür beziehen sie ein festes Deputat
an Korn und einen baaren Jahreslohn von 35—80 Rthl., der theils
wie z. B. bei Schäfern noch durch gewisse Tantiemen erhöht wird.

c. der freien Arbeiter?

Die Lage derselben ist nach Ansicht sämmtlicher Herren pecuniär
schlechter als diejenige der Hoftagelöhner, denn wenn sie auch einen
höhern Geldlohn verdienen als diese, so fehlen ihnen dafür die vielen
Naturalemolumente, welche diese haben. Ein freier Arbeiter erhält
nichts als den mit ihm ausbedungenen Tagelohn. Derselbe ist je nach
Jahreszeit und Gegenden verschieden. Im Winter beträgt er in der
Regel nur 16 ßl., während der Ernte dagegen steigt er häufig bis
auf 1 Rthl. und auch wohl noch darüber. Dazu kommt, daß der freie
Arbeiter fast das ganze Jahr sich von kalter Kost nähren muß und
höchstens während der Ernte in einzelnen Gegenden so angenommen
wird, daß er zugleich Knechtskost erhält. Er muß ferner häufig Tage
lang herumlaufen, um sich Arbeit zu suchen und außerdem jeden
Abend und Morgen einen oft weiten Weg machen, um zu seiner
Arbeitsstelle zu gelangen. Tritt nun gar Alter oder Krankheit ein, so
hat er Niemanden, der sich seiner annimmt und er fällt, wenn er sich
nichts erspart hat, gar bald der öffentlichen Unterstützung anheim.
Allerdings aber ist er unabhängiger und freier als der Tagelöhner, er
ist nicht contractlich gebunden, an einer Stelle zu arbeiten. Gefällt es
ihm nicht, so kann er weiter gehen und sich andere Arbeit suchen.

Herr Graf Schlieffen berechnet den Tagelohn eines freien
Arbeiters bei 280 Arbeitstagen zu 159 Rth. 8 ßl.; Referent dagegen nur
zu 148 Rth. 14 ßl. Herr Pogge=Gevezin giebt dasselbe zu etwa
180 — 200 Rthlr. an, wovon jedoch noch die Miethe für eine Woh=
nung mit 16—24 Rth. zu kürzen sei. Im Mittel kann man wohl
annehmen, daß ein freier Arbeiter, der das ganze Jahr in Beschäftigung
steht, etwa 150 Rthl. verdient.

Etwas besser stellt sich das Einkommen allerdings, wenn dieselben
auf ritterschaftlichen Gütern wohnen, weil sie alsdann noch Wohnung
und diverse Emolumente als Acker, Feuerung, Kühe rc. für eine
geringe Miethe erhalten. So berechnet Referent Graf Baſſewitz das

Einkommen der bei ihm wohnenden freien Arbeiter zu 250 Rthl. 30 ßl.,
wofür dieselben eine Abgabe von ca. 46 Rthl. 32 ßl. leisten und mit=
hin ihnen 204 Rthl. verbleiben. Auch den im Domanio Wohnenden
werden, wie Herr Pogge=Blankenhof sagt, gewisse Vergünstigungen
gewährt, indem sie etwas Feuerung und Kartoffelland zu abgemindertem
Preise erhalten und Arzt und Apotheke frei haben.

II. Liegt in diesen Verhältnissen ein Grund:

    a. zur Unzufriedenheit der arbeitenden Klassen?

    b. zur Auswanderung und

    c. zum Arbeitermangel?

Diese drei Fragen werden von sämmtlichen Herren mit Ausnahme
der Herren Burchard, Pogge=Gevezin und Pogge=Blankenhof mit
„Nein" beantwortet.

Es wird darauf hingewiesen, daß die Lage aller Klassen eine ge=
sunde und gute sei, daß ein ordentlicher und fleißiger Arbeiter so viel
verdienen könne, daß er sein reichliches Einkommen habe und auch noch
für sein Alter zurücklegen könne.

Herr Burchard und Herr Pogge=Gevezin dagegen nennen die
Löhnung des Tagelöhners eine fehlerhafte, weil der überwiegend größte
Theil derselben aus Naturalemolumenten bestehe, welche erst durch Auf=
wand von Zeit und Kraft zu Geld gemacht werden könnten. Der
Tagelöhner verkaufe ferner stets nur an kleine Händler und erhalte von
diesen auch nur schlechte Preise; er ziehe es daher vor, Alles mit seinem
Vieh zu verfuttern und die Folge davon sei, daß, wenn seine Frau die
Wirthschaft nicht verstehe oder unordentlich führe, der Ertrag aus den
Emolumenten meistens in der Wirthschaft aufgehe. — So komme es,
daß der Tagelöhner niemals Geld habe und nie mit seinen Einnahmen
ausreiche, denn alle an ihn gestellten Forderungen habe er in Geld zu
entrichten. Kaufmann, Prediger, Hofgänger, Handwerker, Alles habe
er in baarem Gelde zu bezahlen und wenn hierzu auch früher seine
baare Einnahme ausreichend gewesen, so sei sie es jetzt, wo alle der=
artigen Ausgaben gestiegen, sein Geldlohn aber derselbe geblieben, nicht
mehr.

Der Tagelöhner sei daher mit seinem Verdienste unzufrieden, halte
ihn für geringer als er es in Wirklichkeit sei und strebe nach den Gegen=
den, wo bei einem höheren Geldlohne er seine Arbeit besser bezahlt

— 11 —

glaube, ohne zu berücksichtigen, daß er dort Alles, was er hier in
natura erhalte, häufig recht theuer zu bezahlen habe. Auf diese Art sei
die fehlerhafte Löhnung eine Ursache des Arbeitermangels. Auch Herr
Pogge=Blankenhof äußert sich gegen das Naturalsystem und findet in
ihm die hauptsächlichsten Gründe zur Unzufriedenheit und zur Auswan=
derung; er weicht jedoch von den Ausführungen der Herren Burchard
und Pogge=Gerezin darin ab, daß er nicht zu dem Resultat kommt,
der Arbeiter verdiene nicht genug baares Geld, um den an ihn ge=
stellten Forderungen zu genügen, sondern zu dem Resultat: der Trieb
des Arbeiters sei: Zurückzulegen und das sei ihm bei der Natural=
löhnung nicht in dem Maaße möglich, wie bei der Geldlöhnung. Herr
Pogge=Blankenhof sagt: die Lohnhöhe einer Arbeiterfamilie müsse aus=
reichen zur Beschaffung von Wohnung, Kleidung, Ernährung, Heizung,
Erziehung der Kinder, ferner zur Sicherung dieser Einnahmen, also
zur Versicherung gegen Feuer und Viehsterben, Lebensversicherung, Kran=
ken= und Sterbekasse, außerdem zur Aussteuer und Etablirung der
Kinder, zu Reisen und mäßigen Vergnügungen und zwar sowohl
genügend für gewöhnliche Zeiten, als auch zum Zurücklegen für schlechte
Zeiten. Ein ordentlicher und fleißiger Arbeiter habe Aussicht, rascher
hierzu zu gelangen, als ein anderer, und diese Aussicht sei der lebhaf=
teste Trieb zur Zufriedenheit mit harter Arbeit, denn der Trieb, für
sich selber zu sorgen, zu sparen und Eigenthum zu erwerben, liege tief
in der menschlichen Natur. Diese Aussicht aber fehle unserem Arbeiter,
denn an den Naturalemolumenten könne er nichts ersparen, weder an
Wohnung, noch an Feuerung, noch an Arzt und Apotheke; alles Sparen
darin sei nur zum Vortheil des Herrn; ebenso komme eine fleißige und
angestrengte Arbeit außer bei Accorden nicht ihm, sondern auch nur dem
Herrn zu gut. Bei denjenigen Arbeitern aber, die Geldlohn erhalten,
sei dies anders, sie könnten sich einschränken und dadurch Ersparnisse
machen. Aber hier mache sich nun ein anderer Mangel fühlbar: Wie
sollen sie das Ersparte anlegen? Eigenthum können sie nicht erwerben,
höchstens ihr todtes Inventar verbessern. Sie verkauften daher Alles
und gingen nach Amerika, wo sie nicht nur höheren Lohn und diesen
in Geld erhielten, sondern wo sie auch das, was sie davon ersparten,
in Grundeigenthum anlegen könnten.

Diesen Ansichten entgegen findet Graf Schlieffen gerade in der
großen Naturallöhnung die größte Sicherung der Existenz des Tage=
löhners und hält daher eine Aenderung derselben für nicht wünschenswerth.

Referent Graf Bassewitz behauptet, daß, wenn auch die wirth=
schaftliche Lage gar häufig vorgeschützt werde, und sogar wirklich einmal

die unmittelbare Veranlassung zur Unzufriedenheit und in Folge dessen zur Auswanderung sei, so sei sie doch nicht der wahre Grund dazu, weil es Mittel gebe, sich demjenigen, was die wirthschaftliche Lage vielleicht Drückendes habe, zu entziehen. Er weist darauf hin, daß bei jetziger Freizügigkeit es einem Tagelöhner ein Leichtes sei, sich in einen freien Arbeiter umzuwandeln, daß aber dennoch in der Regel die Leute vor= zögen, Tagelöhner zu bleiben.

III. Sind sonstige Gründe vorhanden

a. zur Unzufriedenheit?

Die Herren Fischer, Lemcke, Satow, Graf Schlieffen und Pogge=Blankenhof finden den Hauptgrund zur Unzufriedenheit unserer Arbeiterclassen in ihrer socialen Stellung und zwar in der Abhängig= keit des Arbeitnehmers vom Arbeitgeber; während aber Graf Schlieffen behauptet, diese Abhängigkeit habe zu jeder Zeit und überall bestanden und sie werde nur jetzt durch Anregung von Außen dem Arbeiter fühl= barer gemacht, ist Herr Pogge=Blankenhof der Ansicht, daß diese große Abhängigkeit speciell in unseren socialen Verhältnissen liege, weil eine Menge von Hülfsleistungen, welche der Tagelöhner, ohne daß das con= tractliche Verhältniß sie vorschreibe, dennoch nothwendig brauche, wie z. B. Unterstützung bei Krankheits=, Unglücks=, Alter= und Sterbefällen, ferner alle Fuhren und Heranschaffung mancher Lebensbedürfnisse aus der Stadt nur durch den guten Willen des Arbeitgebers gewährt werden könnten und daher auch häufig versagt würden, während in anderen Ländern, wo es Büdner und Bauern gebe, der Arbeiter nicht nöthig habe, sich deswegen gerade an den Arbeitgeber zu wenden. Dieses Verhältniß der Abhängigkeit zeige sich noch so recht deutlich darin, daß die Arbeiter „Du" resp. „Er" genannt würden, daß sie beim Sprechen mit dem Herrn den Hut in der Hand behalten müßten und daß in einzelnen Gegenden noch die nationale Tracht verlangt würde, durch welches Alles dem Verhältniß zwischen Arbeitgeber und Arbeitnehmer das Gepräge der Leibeigenschaft aufgedrückt werde; daher habe der Arbeiter das Streben, sich frei zu machen und eine selbstständige Stellung, in welcher er für sich und nicht für andere zu arbeiten brauche, zu erringen.

Herr Lemcke fügt hinzu, daß diese Unzufriedenheit bei unseren länd= lichen Tagelöhnern noch vielfach durch die Verpflichtung, einen Hof=

gänger zu stellen und durch die häufige Unmöglichkeit, einen solchen zu beschaffen, genährt werde und daß ferner auch die in Folge des Arbeiter= mangels eingetretene Ueberbürdung der Leute mit Arbeit ihren Theil daran habe. Dieser Ansicht schließen sich auch Herr Pogge=Gevezin und Herr Pogge=Blankenhof an.

Wenn nun Herr Fischer und Herr Pogge=Blankenhof einen zweiten Grund zur Unzufriedenheit neben der socialen Stellung des Arbeiters auch in seiner politischen finden — und zwar in dem Ge= fühle desselben, weder in der Gemeinde, noch in dem Staate etwas zu gelten — und ausführen, daß derselbe weiter nichts als das Recht der Reichstagswahlen und der Predigerwahlen besitze und daß er nur die Steuern und Lasten zu tragen habe, in Bezug auf seine wichtigsten In= teressen sich aber auf den guten Willen Anderer, soweit derselbe über= haupt vorhanden, verlassen müsse, so fügt Herr Pogge=Blankenhof dem noch hinzu, daß dieser Mangel an politischen Rechten vielleicht auch ein Grund zu der großen Gleichgültigkeit gegen sein Vaterland sei, welche es ihm erleichtere, dasselbe zu verlassen und einer ungewissen Zukunft entgegen zu gehen.

Referent Graf Bassewitz dagegen sucht den Hauptgrund zur Unzufriedenheit in dem Zeitgeiste, hauptsächlich hervorgerufen durch die allmälig fortschreitende Cultur mit allen ihren Folgen. Durch den immer wachsenden Verkehr, durch welchen der Mensch Neues sieht und kennen lernt, steigen die Ansprüche an das Leben. Es wächst die Be= quemlichkeit, die Genußsucht, die Putzsucht und mit ihnen Hand in Hand die Arbeitsunlust. Diese Erscheinung herrscht nicht nur in eini= gen wenigen Classen der Gesellschaft, sondern pflanzt sich durch alle Schichten der Bevölkerung fort. Um aber das Verlangen darnach zu befriedigen, dazu gehört Geld. Geld erwerben, reich werden wollen, das ist das Streben eines jeden Menschen, das ist ganz besonders der Charakter unserer Zeit. Der Capitalist kann in Speculationen und Unternehmungen sein Capital rasch vergrößern, der Arbeiter, der aus der Hand in den Mund lebt, kann nur Geringes aus seiner Arbeit ersparen; das macht ihn mit seinem Loose unzufrieden und daher strebt er nach etwas Anderem. In dieser Stimmung bemächtigen sich seiner die Prediger des Socialismus, deren Lehren bei ihm Eingang finden, weil sie ihm den Weg zu Demjenigen zeigen, was seinen Wünschen entspricht, nämlich den Weg, ohne Mühe und Arbeit dahin zu gelangen, nicht mehr dienen und arbeiten zu brauchen, sondern selbst den Herrn spielen zu können. Kommt hierzu nun noch eine falsche und vielleicht ungerechte Behandlung Seitens seiner Herren oder sonstigen Vorgesetzten, dann bricht die Unzufriedenheit heraus und macht sich entweder nach der einen oder anderen Seite Luft.

Als einen weiteren Grund führt Referent noch die Fluth von Ver=änderungen auf allen Gebieten an: nicht nur die vielen neuen Gesetze und Einrichtungen, welche den gemeinen Mann verwirren, wie z. B. die neuen Maaße und Gewichte, sondern auch die Einführungen der vielen neuen Maschinen, denen er mit Mißtrauen begegnet und durch welche er sich übervortheilt glaubt, wie z. B. die Einführung der Dresch=maschinen u. s. w.

Wenn ferner Herr Pogge=Blankenhof in der Ausübung der Polizeigewalt und der Patrimonialgerichtsbarkeit Seitens des Gutsherrn eine Ursache der Unzufriedenheit sieht, weil erstere leicht zu Mißbrauch in seinem Interesse führen könnte, letztere aber den Arbeiter mißtrauisch gegen seinen Herrn und dessen Gericht mache, so führt Referent dagegen aus, daß, man möge über die Aufhebung der Patrimonialgerichte denken wie man wolle, ein wirklicher Grund zur Unzufriedenheit niemals darin liegen könne.

Herr Pogge sagt: der Arbeiter habe den Glauben, daß für ihn kein Recht bestehe, weil er dem Herrn gegenüber meist Unrecht bekomme und dies liege darin, weil, wenn der Herr im Unrecht sei, die Sache durch Einlenken gütlich beigelegt, wenn jedoch der Arbeiter im Unrecht sei, dieselbe bis zu Ende verfolgt werde; außerdem sei es schwer für den Richter, sich den Einwirkungen einer oft ihn als Gast feiernden Familie zu entziehen und sein Urtheil frei von diesen Einwirkungen zu Gunsten des Arbeiters zu erhalten. Graf Bassewitz dagegen weist darauf hin, daß durch die Bestimmungen der Gesetze, wonach der Gutsherr in allen Fällen, welche seine eigene Person u. s. w. betreffen, ebensowenig im Gerichte präsidiren als überhaupt in das gerichtliche Verfahren auf irgend eine Weise sich einmischen darf, dem Vorkommen von Ungerech=tigkeiten soviel wie möglich vorgebeugt ist, daß dieser nur in gering=fügigen Sachen, die weder ihn noch seine Familie betreffen, die Ent=scheidung hat, und daß auch hier noch jeder Partei der Recurs an's Ministerium frei stehe; daß im Gegentheil die Ausübung der Gerichts=barkeit von Seiten des Gutsherrn noch den Vortheil der Kostenlosigkeit für die Leute habe.

b. zur Auswanderung?

Die Gründe, welche den Arbeiter veranlassen, sein Vaterland zu ver=lassen und sein Heil in fremden Ländern zu suchen, sind mannigfacher Art.

Als erster Grund wird von fast sämmtlichen Herren das Streben genannt, den bereits voraufgegangenen Verwandten und Freunden zu folgen, zumal wenn, wie es in der Regel der Fall ist, dieselben Briefe mit den verlockendsten Schilderungen nach Hause senden und diese noch häufig von einer Geldsendung oder einem Ueberfahrtsbillet begleitet sind.

Wenn nun dieses Streben in der menschlichen Natur begründet ist und schwerlich ein Mittel dagegen aufzufinden sein wird, so kommt doch noch dazu, daß es in unzähligen Fällen durch falsche Vorspiegelungen, Ueber= redungen und Aufhetzungen genährt und ausgebeutet wird. Herr Pogge = Gevezin namentlich erinnert an das gewissenlose Treiben so vieler öffent= licher, concessionirter und geheimer Agenten, welche um des Verdienstes willen, den ihnen jeder Auswanderer gewährt, die etwa bei ihm herr= schende Unzufriedenheit für ihre Pläne benutzen. Alles, was ihn hier drückt, was ihm unbequem ist, wird ihm als unerträglich und als dort nicht vorhanden geschildert und das so lange, bis er es glaubt und sich zur Auswanderung entschließt. Was für ein Schicksal ihn jedoch drüben erwartet, das ist dem Agenten gleichgültig, wenn er nur seinen Ver= dienst dabei hat. Diesen Letzteren berechnet Herr Pogge unter Um= ständen zu 6—7 Thlr. pro Kopf, denn der Agent erhält nicht nur von der Rhederei=Gesellschaft, welche den Auswanderer wegbefördert, ein gewisses Kopfgeld, sondern er kann auch noch dadurch, daß er denselben bis zu seinem Einschiffungspunkte begleitet, ihm dort beim Einkauf seiner Reisebedürfnisse, beim Umwechseln des Geldes und bei der Be= sorgung des Nachtquartiers hülfreiche Hand leistet, sich einen ansehn= lichen Nebenverdienst verschaffen. Der Auswanderer ahnt es nicht, daß er diese angeblich uneigennützigen Dienste doppelt und dreifach bezahlen muß, weil sein getreuer Agent schon vorher mit jenen Leuten ein Ueber= einkommen getroffen und sich von ihnen seinen Antheil am Gewinn redlich auszahlen läßt.

Dem entgegen findet Herr Pogge=Blankenhof, daß der Vorwurf, als ob die Agenten nur, um einige Thaler per Kopf zu verdienen, die Leute zur Auswanderung verlockten, und daß sogar die amerikanische Regierung dahinter stecke, jetzt nicht mehr aufrecht zu halten sei, nachdem in 22 Jahren über 100000 Seelen von hier dorthin gegangen, nachdem Tausende von Briefen die dortigen günstigen Verhältnisse schilderten und nachdem die Hinübergegangenen schon nach 1—2 Jahren Hunderte von Dollars schickten, um ihre Verwandten nachzuholen. Dies Alles wirke mehr als 100 Agenten und stärke das Vertrauen unserer Arbeiter zu den amerikanischen Verhältnissen.

Es ist nun aber doch wohl nicht zu leugnen, daß in vielen Fällen

Beeinflussungen durch gewissenlose Agenten stattfinden, aber ebensowenig darf man sich verhehlen, daß viele von den Uebelständen, welche diese den Leuten als unerträglich hinstellen, in Wirklichkeit, wenn auch weniger fühlbar und drückend, vorhanden sind, und werden von den Herren Lemcke, Pogge-Gerezin, Graf Schlieffen, Satow und Pogge-Blankenhof vor Allem die Abhängigkeit der Arbeiter vom Arbeitgeber und die große Schwierigkeit, es hier durch Erwerb von kleinem Grundbesitz zu etwas Besserem zu bringen, hervorgehoben. Herr Pogge-Gerezin, Graf Schlieffen, Herr Satow und Herr Pogge-Blankenhof erwähnen daneben auch noch die in den letzten Jahren so gesteigerte Militairlast.

Was die ersteren Uebelstände betrifft, so sind dieselben bereits bei den Gründen zur Unzufriedenheit erwähnt und wird auch von den Herren Burchard und Graf Bassewitz noch hervorgehoben, daß eben diese Unzufriedenheit mit seinen jetzigen Verhältnissen und das Bewußtsein, es hier nie weiter bringen zu können, für den Arbeiter ein Hauptgrund zur Auswanderung sei.

In Bezug auf die Militairlast sucht Graf Schlieffen den Uebelstand in der allgemeinen Wehrpflicht. Herr Pogge-Blankenhof und Herr Satow dagegen in der 3jährigen Dienstzeit, welche den Menschen 3 Jahre seinem Berufe entziehe. Herr Pogge erkennt zwar an, daß diese Zeit von großem Nutzen für die Ausbildung der Leute sei, weil sie vieles in der Schule Versäumte nachholen könnten, hebt aber hervor, daß auf Niemandem der Druck so laste, wie auf unserem ländlichen Arbeiter; derselbe sei an kräftige Nahrung gewöhnt und die Ernährung des Soldaten genüge ihm nicht. Seine Löhnung reiche nicht aus, ihn vor Hunger zu schützen, er müsse sich von Hause Geld, Nahrung und warme Sachen zuschicken lassen; während er sonst in dieser Lebenszeit sparen würde, müsse er nun zusetzen und würde der Ausfall durch die steigenden Löhne einerseits und durch die Entwerthung des Geldes anderer-seits von Jahr zu Jahr größer. Amerika dagegen besitze nicht die all-gemeine Wehrpflicht und die Entschädigungen, welche an Frau und Kinder gezahlt würden, seien von einer Höhe, wie sie hier vollständig fremd sei. Schließlich hebt Herr Fischer noch hervor, daß wir selbst die größte Schuld an der jetzt herrschenden Auswanderungswuth tragen, indem wir durch die in Folge des Jahres 48 und der darauf folgenden Reaction so maßlos geförderte Auswanderung den Leuten selbst den Weg dazu gezeigt.

Soviel betreffend die Auswanderung in überseeische Länder. Außer dieser giebt es jedoch noch eine zweite: diejenige nämlich in die großen

Städte wie Berlin, Hamburg, Lübeck. Referent Graf Bassewitz sucht die Gründe hierzu wieder in dem Streben nach Reichthum, indem das in diesen Städten angesammelte Kapital und die erhöhten Lebensbedürfnisse einen höheren Verdienst gewähren könnten, als es auf dem Lande möglich, fügt aber hinzu, daß daneben auch die mannigfachen Genüsse und Freuden, welche eine große Stadt darbiete, von großem Einfluß auf den Drang dorthin seien.

Das Ziehen der Arbeiter vom platten Lande in die kleinen Landstädte betrachtet Graf Bassewitz nicht als Auswanderung, weil die Arbeitskräfte durch die freien Arbeiter dem platten Lande wieder zukommen; außerdem ist er auch der Ansicht, daß diese im ersten Taumel der Freizügigkeit hervorgerufene Erscheinung bereits wieder im Abnehmen sei und vielfach schon ganz das Gegentheil stattfinde.

Herr Pogge-Blankenhof hebt als einen Grund dieses in die Städte Ziehens die mangelhafte Einrichtung unserer Landschulen hervor und behauptet, daß, weil die Leute den Werth der Bildung für das Leben kennen, sie gerne Opfer bringen würden, um ihre Kinder mehr lernen zu lassen, wenn die Schulen nur darnach wären.

c. zum Arbeitermangel?

Wenn Herr Lemcke ganz im Allgemeinen die Auswanderung und Herr Satow die Auswanderung und die industriellen Bauunternehmungen, welche solche Menge Arbeitskräfte beanspruchen, als Gründe des Arbeitermangels anführen, die übrigen Herren aber diese Frage gar nicht berühren, so stellt Referent Graf Bassewitz als Grund den stets wachsenden Bedarf an Arbeitskraft, im Gegensatz zu der von Jahr zu Jahr abnehmenden Leistungsfähigkeit unserer Arbeiter hin.

Der Bedarf an Arbeitskraft, sagt er, wachse auf allen Gebieten des menschlichen Lebens. Mit dem Steigen der Lebensbedürfnisse wachse das Bedürfniß nach Dienstboten; durch den immer größer werdenden Weltverkehr, durch die Bauten von Straßen, Eisenbahnen, Canälen und dergleichen würden eine Unzahl Arbeitskräfte nicht nur zur Anlage, sondern auch zum Unterhalte absorbirt. Durch das Wachsen des Capitals und durch die daraus folgende Entwerthung des Geldes, könne das Gut nicht mehr mit dem Kapital rivalisiren, die Wirthschaft würde immer weiter ausgedehnt, immer intensiver. Die Saaten würden vermehrt, die Wiesen und Wälder zu Aeckern gemacht. Zu dem Allen gehöre eine stets steigende Arbeitskraft. Unsere Arbeitskraft steige nicht nur nicht, sondern nehme im Gegentheil ab, weil die Leistungsfähigkeit unserer Arbeiter sich verringere. Numerisch hätten wir noch dieselbe Bevölkerung, wie vor etwa 10 Jahren, wo noch kein Arbeitermangel gewesen. Aber die besten Arbeitskräfte gingen weg und nur die geringeren verblieben uns. Zu Knechten hätten wir Hofgänger, zu Hofgängern Kinder. In dieser Hinsicht sei auch die Auswanderung ein Grund zum herrschenden Arbeitermangel.

IV. Wie gross ist die Auswanderung

    a. in überseeische Länder?

    b. in die grossen auswärtigen Städte?

    c. in die Landstädte?

Die meisten Herren haben in ihrer Beantwortung diese Frage aus Mangel an statistischem Material übergangen.

Herr Pogge-Gevezin giebt für die überseeische Auswanderung folgende Zahlen an:

    1865: 4825,
    1866: 4062,
    1867: 4512,
    1868: 4262,

und fügt hinzu, daß unter den in den Jahren 1867 und 1868 Ausgewanderten sich an Handwerkern 112 aus dem Domanio, 117 aus der Ritterschaft und 153 aus den Städten befunden hätten, ferner 1937 Tagelöhner und Dienstboten, wovon 1174 aus der Ritterschaft.

Graf Schlieffen giebt einen Nachweis über die Auswanderung aus seiner eigenen Begüterung, welche 1867: 704, 1871: 657 Einwohner hatte. Darnach zogen vom Herbst 1862 bis Herbst 1872 incl. nach Amerika 235 Personen, also durchschnittlich jährlich 21,4 Personen oder etwas über 3 %.

Herr Pogge-Blankenhof berechnet nach dem Staatskalender und anderen officiellen Nachweisen aus den Geburten und Sterbefällen, die Bevölkerung, die eigentlich vorhanden sein sollte, und schiebt die Differenz, welche zwischen dieser und dem Ergebniß der Volkszählungen besteht, auf die Auswanderung. So findet er eine Auswanderung in den Jahren

    1830—50 von 38173
    1851—60 von 53923

wozu dann noch kommen

1861	. .	1014
1862	. .	1651
1863	. .	2619
1864	.	2906
1865	. .	4825
1866	. . . .	4062

Summa 109,173

V. Auf welchem Wege ist der Ersatz für fehlende Arbeitskräfte zu beschaffen?

Die Wege, die hierfür angegeben worden, sind zweierlei Art, und zwar theils directe, theils indirecte. Jedoch herrscht über die Anwendbarkeit derselben eine große Meinungsverschiedenheit. Das Heranziehen schwedischer Dienstboten, das Kommenlassen von Ernte-Arbeitern aus dem Oderbruch hat sich als ungenügend erwiesen. Es empfehlen daher die Herren Fischer, Pogge-Gevezin, Satow und Pogge-Blankenhof eine Einwanderung ganzer Familien aus anderen protestantischen Gegenden, wo die Leute schlechter gestellt sind als hier.

Referent ist der Ansicht, daß Einwanderung, so wünschenswerth sie sei, hier keinen festen Boden gewinnen würde, ehe wir nicht dem Arbeiter das zu bieten vermöchten, wonach er strebe und was er im Auslande sich suche. Graf Schlieffen aber glaubt, daß eine solche Einwanderung von Auswärts schwerlich gelingen würde, weil der Osten, selbst arm an Leuten, auch schon unter der Auswanderungsnoth leide und der Westen wegen des ungemeinen industriellen Aufschwunges höhere Löhne gewähren könne, als wir sie zu bieten vermöchten. Noch weiter geht Herr Burchard, welcher sämmtliche Einwanderungen verwirft, da dieselben für unsere Arbeiten fast unbrauchbar seien. Auch Herr Fischer giebt dieses zu, denkt aber weiter und hofft, daß, wenn die Einwanderungen auch augenblicklich noch nicht unseren Anforderungen entsprächen, so doch vielleicht schon die nächste Generation es thun würde. Herr Lemcke proponirt, den Versuch zu machen, mißvergnügte Auswanderer aus Amerika zurückzubekommen und ihnen dazu, sei es aus Staats-, sei es aus Privat-Mitteln, freie Rückfahrt zu geben. Herr Pogge-Gevezin sieht in dieser Maßregel aber eine Gefahr, indem die Leute, wenn sie wüßten, daß sie event. frei wieder zurückkehren könnten, erst recht auswandern würden; außerdem hält er die Leute, die in Amerika nicht haben fortkommen können, auch für uns für nicht mehr brauchbar.

Wenn nun Herr Burchard in der ausgedehntesten Anwendung aller Maschinen den einzig möglichen Ersatz für die fehlenden Arbeits=kräfte sucht, so schließen sich dem gewissermaßen die Herren Lemcke, Pogge=Gevezin, Satow, Pogge=Blankenhof und der Referent Graf Bassewitz an, indem auch sie der Ansicht sind, daß durch Anwendung guter Maschinen und namentlich solcher, welche Hände=Arbeit ersparen, dem Arbeitermangel bedeutend abgeholfen werden könne, sie glauben aber, doch auch noch einigen anderen Mitteln einen günstigen Erfolg verheißen zu können, so namentlich erwähnen Herr Lemcke und Referent die größere Ausnutzung der vorhandenen Arbeitskräfte durch vermehrte Einführung von Accord= und Antheilsarbeiten. Herr Pogge=Gevezin hat sogar bei sich schon den Anfang gemacht, seinen Leuten einen gewissen Antheil an dem Reinertrage seines Gutes in Form einer Belohnung zuzuwenden. Ferner sind Graf Schlieffen, Herr Pogge=Blankenhof und Referent der Ansicht, daß, wie durch Hebung der Arbeitskraft ein directer Ersatz für die fehlenden Arbeitskräfte geschaffen werde, so durch eine Einschrän=kung des Kraftconsums ein indirecter Ersatz zu erzielen sei und auch wohl bald erzielt werden müsse, daß wir also über kurz oder lang mit unsern Wirthschaften würden zurückgehen und vielleicht wieder zur alten Koppelwirthschaft zurückkehren müssen. Herr Pogge=Blankenhof und Referent suchen diese Einschränkung des Kraftconsums noch besonders in der Verringerung der Saaten, in der Vergrößerung des Viehstapels dem Kornbau gegenüber, in der Zurückgabe unbrauchbarer Ländereien an die Forst und Wiesen, und in der Aufführung solcher Gebäude, welche die Arbeiten vereinfachen und theilweise entbehrlich machen. Welches Mittel beim Einzelnen das Richtige sei, das müßten die Verhältnisse ergeben.

VI. Kann der Unzufriedenheit der arbeitenden Klassen, der Aus-wanderung und dem Arbeitermangel vorgebeugt werden

a. durch Maßnahmen, welche die materielle Lage der Arbeiter ergreifen?

So verschieden die Gründe waren, welche für die oben beregten Mißstände angeführt wurden, so verschieden sind auch die zu ihrer Ab=hülfe vorgeschlagenen Wege. Fast alle jedoch laufen auf das eine Ziel hinaus: Förderung des geistigen und leiblichen Wohls der Arbeiter, sei

es durch Maßregeln, welche ihn religiös und sittlich heben, sei es durch
Einrichtungen, welche ihm eine den Zeitverhältnissen angemessene Ver=
werthung seiner Arbeitskraft gestatten.

Mit Recht weist daher Graf Schlieffen darauf hin, daß, wenn
auch Arbeitszeit, Lohnsatz und Lohnart die Cardinalpunkte seien, um
welche jederzeit die Arbeiterfrage sich gedreht habe, wir bei alledem in
dem Bewußtsein, Christen zu sein und nicht nur zu heißen, neben dem
leiblichen Wohle unserer Arbeiter auch deren geistiges nicht vergessen
dürften. Das uns anvertraute Gut sei nur ein Darlehn, das wir auch
im Interesse unserer Mitmenschen zu verwenden hätten. Wir müßten
daher nicht nur vielleicht eine zeitgemäße Erhöhung des Tagelohnes ein=
treten lassen, sondern wir müßten auch dafür Sorge tragen, daß den
Arbeitern gesunde Wohnungen, den Alten, Wittwen und Waisen Ver=
sorgung, den Schulen Sorgfalt gewährt werde.

Referent Graf Bassewitz schließt sich dem vollständig an, er hofft
durch Förderung des geistigen und leiblichen Wohls der Arbeiter den
Zeitgeist in gesundere Bahnen zu lenken und durch Hebung des kirch=
lichen Gefühls, durch besseren Schulunterricht und durch Ermöglichung
eines behaglicheren Familienlebens dem Arbeiter ein höheres, ein sitt=
licheres Streben beizubringen.

Die übrigen Herren, welche diese Frage noch behandelt, wenden
sich vor Allem der Lohnfrage zu und suchen meistens durch eine Ab=
änderung hierin den bestehenden Mißständen vorzubeugen. Namentlich
Herr Pogge=Gerezin und Herr Pogge=Blankenhof haben diesen Ge=
genstand eingehender behandelt und gelangen zu dem Schluß, daß in
Anbetracht der Zeitverhältnisse eine Vermehrung der Einnahmen und
des Verdienstes der Arbeiter, namentlich eine Vermehrung des baaren
Geldlohnes gegenüber den Naturalemolumenten wohl gerechtfertigt und
zweckmäßig sei. Sie sind jedoch der Ansicht, daß, weil je höher der
Lohn, desto eher der Arbeiter auswandere, diese Besserstellung nur in
der Art gewährt werden dürfe, daß sie das Interesse des Arbeiters mit
dem des Arbeitgebers verknüpfe und zugleich den Ersteren für längere
Zeit an den Letzteren binde. Eine Lösung dieses Princips finden sie in
der Einführung von Prämien oder Tantièmen, welche dem fleißigen
und ordentlichen Arbeiter jährlich bewilligt, aber erst nach einer längeren
Reihe von Jahren als Altersversorgung oder dergleichen zur Auszahlung
kommen würden.

Herr Pogge=Blankenhof geht noch näher auf die Erörterung dieser
Frage ein und ist der Ansicht, daß diese Summe derartig beschaffen sein
müsse, daß sie nach einer Reihe von Jahren, wenn sie erhoben werden

dürfe, ein entsprechend kleines Vermögen bilde, daß sie aber, wenn der Betreffende vorher abgebe, ohne Weiteres verfalle. Hierdurch hofft er, dem Arbeiter einen Reiz zu schaffen, welcher möglicher Weise der Aus= wanderung entgegenwirke. Er empfiehlt zugleich aber auch, solche Prä= mien ꝛc. nicht etwa gleichmäßig auf alle Familien, sondern etwa nach Verhältniß der aus ihnen geleisteten Arbeitstage zu vertheilen.

Ferner empfiehlt er sowohl, wie auch Herr Pogge=Gevezin und Graf Schlieffen die Entfernung derjenigen Zustände, welche bei dem Arbeiter das Gefühl des Druckes hervorrufen, und die Herbeiführung solcher Einrichtungen, welche ihm eine ungebundenere und freiere Stel= lung gewähren, also z. B. die Wahl, ob er als Tagelöhner mit Hof= gänger und vollen Emolumenten oder als freier Arbeiter ohne Hofgänger und Emolumente weiter dienen will. In letzterem Falle hätte er sich über die etwaigen Emolumente mit dem Arbeitgeber gütlich zu einigen und würde dann dasjenige, was er nicht in Anspruch nehme, für sich ersparen. Schon die Freiheit der Wahl, sagt Herr Pogge=Blankenhof, würde ihn mit dem gewählten Verhältniß zufrieden machen.

Wenn Herr Fischer der Ansicht ist, daß eine Einräumung von gewissen Gemeinderechten vielleicht dem Arbeiter mehr Liebe und An= hänglichkeit an seine Heimath verschaffe, so glaubt Herr Pogge=Gevezin, daß eine solche Maßregel doch nur in dem Falle zweckentsprechend sei, wenn die Ausübung eines Gemeinderechts auch zugleich mit einer Ein= nahme verbunden würde.

Eine weitere Maßregel, welche die Herren Fischer, Lemcke, Burchard, Pogge=Gevezin, Graf Bassewitz und Pogge=Blanken= hof in Vorschlag bringen und von welcher sie sich den meisten Erfolg versprechen, ist die Schaffung von kleinem Grundbesitz.

Ueber die Mittel und Wege jedoch, wie dies zu geschehen habe, gehen die Ansichten auseinander.

Einige Herren sind der Ansicht, daß eine solche Maßregel nur durch die Gesetzgebung möglich sei, während andere die Hülfe der Re= gierung nur insofern beanspruchen, als es sich darum handelt, etwaige Hindernisse aus dem Wege zu räumen.

Wir kommen dadurch auf die letzte Frage: kann der Unzufrieden= heit, der Auswanderung und dem Arbeitermangel vorgebeugt werden

b. durch gesetzliche Bestimmungen, welche eine veränderte Ord= nung der Arbeiterverhältnisse ermöglichen?

Es ist schon erwähnt, daß fast sämmtliche Herren die Hülfe der Gesetzgebung theils mehr, theils weniger in Anspruch nehmen wollen,

um mit ihrer Hülfe in den Arbeiterverhältnissen eine veränderte Ord=
nung zu ermöglichen. Dem entgegen glaubt jedoch Graf Schlieffen,
daß eine durch gesetzliche Bestimmungen herbeigeführte veränderte Ord=
nung der Arbeiterverhältnisse ohne allen Einfluß auf dasjenige sein
würde, was wir erstreben und hält überhaupt eine solche Nutzbarmachung
der Gesetzgebung für diese Zwecke für unstatthaft. Die Arbeiterfrage ist
seinen Ausführungen nach eine seit Jahrhunderten immer wieder auf=
tauchende rein sociale Frage, die stets darin ihren Grund hat, daß Lohn
und Arbeitsleistung den Zeitverhältnissen nach nicht mehr im Einklang
mit einander stehen. Von den Arbeitern solle dieselbe aber nun zu einer
politischen umgewandelt werden, um durch die Gesetzgebung eine größere
Macht zu erlangen und ihre Forderungen durchzusetzen.

Hierin liege das Hauptmoment des socialistischen und communistischen
Systems, welches mit Hülfe des allgemeinen Stimmrechtes die Staats=
gewalt und die Macht der Gesetzgebung erobern wolle, um sie in seinem
Interesse zu gebrauchen. Gewisse Parteien, die zu ihren besonderen
Zwecken die Arbeiter gebrauchen wollten, schmeichelten ihnen und setzten
daher die Lösung der Arbeiterfrage in der Art auf ihr Programm, daß
sie derselben die Nothwendigkeit äußerer Hülfe und gesetzlicher Regelung
der Lohnhöhe zuerkennten. Damit aber werde die Auffassung der
Arbeiter über ihre Stellung und diese selbst verrückt. Nicht in der Natur
der Arbeiterfrage liege ihre Gefahr, sondern in ihrer Verbindung mit
den großen Fragen der Zeit, daher dürfte ihre Regelung nicht den
gesetzlichen Bestimmungen übergeben werden, sondern habe durch Zusammen=
wirken von Arbeitnehmer und Arbeitgeber selbst zu geschehen. Ein Ein=
schreiten der Gesetzgebung dürfe nur dort stattfinden, wo es gelte,
Gewaltthat und Rechtswidrigkeit, sei es auf der einen oder anderen Seite,
abzuwenden.

Auch Referent Graf Bassewitz wünscht im Allgemeinen die
Lösung auf privativem Wege, gestattet jedoch der Gesetzgebung einen
umfänglicheren Einfluß zu, indem er der Ansicht ist, daß durch dieselbe
nicht nur die einer allseitig zufriedenstellenden Regelung etwa hinderlich
entgegenstehenden Einrichtungen beseitigt werden müßten, sondern daß
auch vielleicht um eine solche Regelung herbeizuführen, der Staat die
Initiative zu ergreifen habe. Er will jedoch unter allen Umständen die
Rechte dritter Personen gewahrt wissen und empfiehlt daher zur Bildung
von kleinem Grundbesitz als den zweckmäßigsten Weg die Bildung von
Arbeiterdörfern und zwar in der Art, daß entweder durch einen Actien=
verein oder sonst durch eine Steuer ein Kapital aufgebracht werde,
durch welches in verschiedenen Gegenden des Landes, sei es ganze Güter

oder Theile von Gütern, angekauft und als kleine Parcellen wieder verkauft würden. Auf diese Art sei es am leichtesten, die Rechte Dritter zu wahren und dennoch kleinen Grundbesitz zu schaffen. Einem Verkauf einzelner Parcellen auf Privatgütern stünden manche Schwierigkeiten entgegen, keine der geringsten sei die Armenversorgung der etwa verarmenden Häusler; und möchte hieran die ganze Einrichtung scheitern.

Mehr oder weniger schließt sich diesen Ausführungen Herr Pogge-Gevezin an, indem auch er verlangt, daß bei der Schaffung von kleinem Grundbesitz Niemandes Rechte, vor Allem nicht diejenigen der Gläubiger und Lehnsträger, verletzt würden. Ersteres würde unserem Credite schaden und Letzteres würde vermieden, wenn unter gewissen Bedingungen Allodification eintreten könnte.

Herr Pogge-Blankenhof dagegen geht weiter: Ganze Güter zu parcelliren, hält er nicht für zweckmäßig, weil alsdann in einer Gegend zu viel Arbeiter wären und in weiterer Entfernung sich Arbeit suchen müßten. Besser sei es, von jedem Gut den entferntesten Acker dazu zu verwenden. Um dies aber zu ermöglichen, hält Herr Pogge es für erforderlich, auf dem Wege der Gesetzgebung alle entgegenstehenden Schwierigkeiten zu beseitigen und zwar müßten dazu

1. die Fideicommißbesitzer entgegen ihrem Statut und
2. auch die Lehnbesitzer ohne Einholung des lehnsvetterlichen Consenses berechtigt sein, kleine Theile ihres Grund und Bodens zu verkaufen,
3. müßten auch die Gläubiger sich eine solche Veräußerung gefallen lassen, so bald die dafür erhaltenen Werthe zu ihrer Befriedigung verwandt würden,
4. müsse der kleine Grundbesitz der Patrimonialgerichtsbarkeit entzogen und
5. für denselben selbstständige Hypothekenbücher niedergelegt werden,
6. müßten das Gut und der kleine abgezweigte Besitz namentlich in Bezug auf Steuern, Pfarr-, Kirchen-, Schul- und Armenlasten vollständig von einander frei bleiben,
7. müsse dem kleinen Besitz ein möglichst unbeschränktes Verkaufs-, Theilungs-, Jagd- und Erb-Recht zustehen,
8. müßte, da in der Regel die Mittel zum Ankauf nicht vorhanden sein würden, unter Mitwirkung von Landescommissionen eine Taxe stattfinden und dann der alte Besitzer den taxirten Werth der veräußerten Parcellen in sogenannten Rentenbriefen erhalten, während die Differenz der Taxe und des Kaufpreises als Anzahlung zu geschehen habe. Zur Ersparung weiterer Kosten müßten endlich

9. die erforderlichen Contracte möglichst ohne alle weiteren Kosten von den Landescommissaren vollzogen werden.

Durch die Errichtung solchen kleinen freien Eigenthums, fährt Herr Pogge fort, erhielte der Arbeiter eine freiere selbstständigere Stellung, in welcher er sich materiell besser stehen und vielleicht mehr Zufriedenheit und Anhänglichkeit an die Heimath gewinnen würde, außerdem werde damit unser jetziges System der großen geschlossenen Güter, welches sich mit den gegenwärtigen hohen Löhnen nicht mehr vertrage, auf legalem und alle Theile befriedigendem Wege zu dem des kleinen Grundbesitzes übergeführt. Sei dieser überhaupt erst möglich, so empfehle sich vielleicht auch nachstehendes Verfahren: Der Gutsbesitzer gebe seinen Tagelöhnern, wenn sie sich gut geführt hätten, jährlich etwa 10 ☐Rth. extra, bis sie im 10. Jahr 100 ☐Rth. hätten; diese gebe er ihnen alsdann an einer geeigneten Stelle der Feldmark zu Eigenthum und sei ihnen nach Möglichkeit mit Fuhren und Geldvorschüssen zum Aufbau eines Hauses behülflich. Die so entstandenen Kosten könnten auf das Gut eingetragen, verzinst und amortisirt werden. Der Arbeiter werde bei solcher Aussicht dem Herrn treuer dienen und dieser letztere werde später genügende freie Arbeitskraft in seiner Nähe haben, welche lieber bei ihm als in der Ferne sich Arbeit suchen würde. — Wenn nun auch die Ermöglichung des kleinen Grundbesitzes von den meisten Herren als Hauptsache hingestellt wird, so werden von ihnen doch auch noch andere Mittel in Vorschlag gebracht.

So erwähnen namentlich Herr Fischer, Herr Satow und Herr Lemcke die Aufhebung der Regulative vom Jahre 1848, welche wegen der jetzt allgemein besseren Stellung der Arbeiter überflüssig geworden und einen Druck auf Arbeitgeber und Arbeitnehmer ausübten, indem sie einer freien Vereinbarung zwischen denselben entgegenstünden und dieses doch das zu erstrebende Ziel sei. Herr Lemcke weist außerdem darauf hin, daß die stricte Ausführung der Regulative der Abschaffung des Hofgängers und der Einführung von Accord=Arbeiten entgegenstünde, weil der Arbeiter nicht „Accord=Arbeiter", sondern „Tagelöhner" sei, also Tagelohn beanspruchen könne.

Ein fernerer Punct, der von den Herren Fischer und Pogge= Gerezin hervorgehoben wird, ist die gesetzliche Beschränkung der Erlaubniß zum Auswandern und der Auswanderungs=Agenturen. Letzteres etwa durch Errichtung von Agenturen mit fester Besoldung und Entfernung jeglicher Tantième von Staatswegen, Ersteres durch Versagung der Erlaubniß zum Auswandern, wenn nachgewiesen wird, daß der Betreffende noch Pflichten gegen Andere und gegen den Staat zu erfüllen habe, also wenn ihm die Versorgung erwerbsunfähiger Eltern und Angehörigen, die Verpflichtung zur Zahlung von Schulden und Alimenten obliege und wenn er noch nicht seiner Militairpflicht vollständig genügt.

Dem entgegen glaubt Herr Pogge=Blankenhof, daß Nichts geschehen dürfe, um die Auswanderung zu erschweren oder gar gewaltsam zu verhindern, weil dadurch das Mißtrauen vermehrt und die Aus= wanderung erst recht befördert werde. Die Abschaffung der officiellen vom Staate beaufsichtigten Agenturen befördere nur die Bildung von Winkel=Agenturen und verschlimmere daher den Zustand. Das Verbot der Auswanderung während der Militairpflichtigkeit sei zulässig, eine verringerte Dienstzeit dabei aber erforderlich. Ebenso verwirft er den von der Pommerschen ökonomischen Gesellschaft gemachten Vorschlag, durch die Reichsconsuln Ermittelungen über die in Amerika nicht fort= gekommenen Deutschen anstellen und ihnen die Mittel zur Rückkehr zur Disposition stellen zu lassen, weil diese zum größten Theil durch eigene Schuld herabgekommene und in den amerikanischen Verhältnissen für uns unbrauchbar gewordene Menschen geworden seien, bei denen die Consuln nicht im Stande wären, zu unterscheiden, wer durch eigene Schuld und wer unverschuldet in diese Lage gekommen.

Herr Pogge=Gevezin empfiehlt endlich noch:

1. die Gleichstellung des Grundbesitzes in Bezug auf seine Steuer= pflicht mit anderen Unternehmungen im Staate, weil derselbe zu allen Lasten mehr herangezogen werde als das Capital (so namentlich durch Grundsteuer, Erwerbsunkosten, Unkosten bei Uebertragungen von Schuldforderungen, Kriegsleistungen rc.) und daher die Concurrenz mit diesem Letzteren nicht aushalten könne und

2. die Errichtung von sogenannten Arbeitskammern, als dem einzigen Mittel gegen den Socialismus; denn nur dadurch, daß der Arbeiterstand kein Organ habe, durch welches er seine Wünsche und Bedürfnisse äußern könne, und welches ihn vorkommenden Falls vertrete, gerathe er auf die Abwege des Socialismus. In der Schaffung solcher Organe für jeden Beruf und in der Beschränkung des allgemeinen Wahlrechts auf die Bildung solcher Organe liege vielleicht sogar das Correctiv gegen das allgemeine Wahlrecht selbst, bei welchem der Arbeiterstand zur reinen Stimmmaschine herabsinke und jede Partei ihm schmeichele und goldene Berge verspreche, um ihn für ihre Zwecke zu benutzen.

Wenn ich im Vorstehenden versucht habe, mit möglichster Gewissen=
haftigkeit die Ansichten, welche von den einzelnen Herren in ihren Arbeiten
niedergelegt sind, zusammen zu stellen und vollständig unpartheiisch eine
jede Ansicht zur Geltung zu bringen, so bleibt mir nun noch übrig, die
Ansicht, welche ich aus dem Lesen der verschiedenen Arbeiten gewonnen,
zu entwickeln und zu rechtfertigen. Selbstverständlich wird dieselbe sich
mehr oder weniger an meine eigene Arbeit anlehnen, jedoch muß ich
bekennen, daß in mehreren Punkten ich durch die dagegen hervorgehobenen
Gründe überzeugt worden bin und meine eigene Ansicht darnach
reformirt habe:

Es ist unstreitig nicht zu leugnen, daß wir uns gegenwärtig in
einer schlimmen Lage befinden, und daß nothwendig Maßregeln ergriffen
werden müssen, um so bald wie möglich Hülfe gegen die Arbeiternoth
zu schaffen.

Bis vor Kurzem trat dieselbe nur vereinzelt und in einzelnen
Gegenden auf. Man schob daher die Schuld auf die Arbeitgeber und
dachte nicht daran, Maßregeln dagegen zu ergreifen. Seit einiger Zeit
hat jedoch die Arbeiternoth einen solchen Umfang gewonnen und ist so
allgemein geworden, namentlich auf dem Lande, daß nur noch wenige
Gegenden oder Güter von derselben verschont sind.

Hierin liegt der beste Beweis, daß nicht einzelne Verhältnisse die
Schuld daran tragen, sondern daß diese Erscheinung einen tieferliegenden,
einen allgemeinen Grund haben muß. Es liegt darin aber auch zugleich
die Mahnung an diejenigen, welche noch nicht darunter leiden, sich nicht
der Erkenntniß zu verschließen und nicht die Sache als unbedeutend
zurückzuweisen, weil sie nicht wissen können, wie bald auch an sie die
Noth herantreten wird.

Soll aber Etwas geschehen, so ist es nothwendig, ohne Rückhalt
die Gründe der Arbeiternoth aufzusuchen und aufzudecken, denn von
der richtigen Erkenntniß der Gründe hängt deren Beseitigung ab und
nur durch die Beseitigung derselben werden wir, wenn überhaupt,
Abhülfe schaffen.

Es ist eine Thatsache, daß bei uns sowohl wie in anderen Ländern
die Arbeiternoth in dem Mangel an Arbeitskräften und in der
Unzufriedenheit und dem Mißmuth der vorhandenen besteht. Um
diese beiden Punkte dreht sich die ganze Frage und hängen alle übrigen
Erscheinungen, wie die Lohnhöhe, die Arbeitsverweigerungen u. s. w.
mit ihnen zusammen. Können wir also die Veranlassungen zur
Unzufriedenheit und zum Arbeitermangel beseitigen, so werden wir damit
auch allmählig der Noth abhelfen.

Es kann jedoch nicht die Aufgabe dieser Arbeit sein, sämmtliche erhobene Bedenken, die oft vielleicht nur localer Natur sind, einer eingehenden Erörterung resp. Widerlegung zu unterziehen; es würde dieses nur zu Wiederholungen führen, und kann es daher füglich einem Jeden überlassen bleiben, aus den angeführten Gründen und Gegengründen in den einzelnen Arbeiten sich sein Urtheil selbst zu bilden. Für uns genügt hier meines Erachtens die Erörterung derjenigen Verhältnisse, welche von einer allgemeinen und eingreifenden Wirkung sind. — Wenden wir uns also zunächst zu der

a. Unzufriedenheit der arbeitenden Klassen.

Da liegt wohl der Gedanke nahe und ist uns auch oft genug von Außen sowohl wie von Innen vorgehalten: Liegt die Unzufriedenheit der arbeitenden Klasse in unseren Verhältnissen?

Zur Erörterung dieser Frage werden wir am zweckmäßigsten erst untersuchen:

Was ist das Streben und das Ziel unserer Arbeiter, das sie zu erreichen wünschen?

alsdann:

Ist ihnen dasselbe bei unseren Verhältnissen zu erreichen möglich?

und endlich:

Wenn nicht, was muß geschehen, um es ihnen zu ermöglichen?

1. Was ist das Streben und das Ziel unserer Arbeiter, das sie zu erreichen wünschen?

Unsere ländliche arbeitende Klasse, von der hier doch zunächst die Rede sein soll, ist sich selbst im Allgemeinen wohl noch nicht ganz klar darüber, was sie erstrebt, sondern folgt mehr oder weniger dem Drange der Zeit und dem Impulse von Außen, ohne ein bestimmtes Ziel vor Augen zu haben.

Untersucht man jedoch die Sache näher und versucht man durch Fragen ihr auf den Grund zu kommen, so wird man bald finden, daß die meisten Klagen, Beschwerden und Wünsche unserer Arbeiter darauf hinauslaufen, mehr zu verdienen und mit dem am Verdienste Ersparten sich eine freiere und unabhängigere Stellung zu verschaffen, in welcher sie nicht nöthig haben, für Fremde zu arbeiten.

Wir finden also bei ihnen die Wiederholung derjenigen Erscheinungen, welchen wir in allen Gesellschaftskreisen begegnen und die eine Wirkung des Fortschritts und der Cultur sind.

Freiheit! Gleichheit! Reichthum! das ist das Streben der großen Mehrheit, das ist auch das Streben des Arbeiterstandes!

Eine gewisse Berechtigung hierzu ist gewiß nicht zu verkennen und liegt naturgemäß in dem Fortschritte und der Entwickelung der Zeit, wo aber die erstrebte Freiheit, ein Freisein von allen Fesseln, die erstrebte Gleichheit ein Aufheben aller gesetzlichen und socialen Schranken bedeutet, wo der Reichthum erworben werden soll, gleichviel durch welche Mittel, da hört die Berechtigung auf, da beginnt der Kampf der Gesellschaft gegen den Socialismus.

Von solchen Verhältnissen kann hier natürlich nicht die Rede sein, wir können nur diejenigen im Auge behalten, denen wir eine legale und sociale Berechtigung zugestehen müssen und da kommen wir denn zu der Frage:

2. Ist den Arbeitern das gewünschte Ziel zu erreichen bei unseren Verhältnissen möglich?

Aus dem Referat ersehen wir, daß die Lage unserer Arbeiter von derjenigen der Arbeiter fremder Länder, soweit wir diese kennen, im Großen und Ganzen nicht abweicht, wir ersehen ferner daraus, daß das Einkommen derselben den Zeitverhältnissen entsprechend eine theils größere, theils geringere Steigerung erfahren hat. Der baare Lohn der freien Arbeiter und der Knechte zc. ist in den letzten 20 Jahren erheblich gestiegen, ihre Beköstigung ist eine bessere geworden und kann nur in vereinzelten Fällen vielleicht Anlaß zur Klage geben. Ebenso ist das Einkommen der Hoftagelöhner trotz des sich gleich gebliebenen Geldlohnes, gestiegen, sowohl durch den höheren Geldwerth der Natural= emolumente als auch durch die intensivere Bewirthschaftung der Güter und vermehrten Kornbau; denn wenn auch dem entgegen gehalten wird, daß diese Steigerung keine entsprechende sei, weil auf der anderen Seite durch Einführung der Dreschmaschinen der am Drescherkorn verabreichte Procentsatz ein geringerer geworden, so muß man doch wieder berück= sichtigen, daß durch die Dreschmaschinen neben der Verringerung der Dreschtage auch bei Weitem reiner ausgedroschen wird als es früher mit der Hand möglich war.

Eine Eigenthümlichkeit unserer Löhnung ist jedoch die, daß dieselbe zum größten Theil in Naturalemolumenten und nur zum geringen Theil in baarem Gelde verabreicht wird.

Bei der Löhnung der Hoftagelöhner tritt dieses am schärfsten, bei derjenigen der freien Arbeiter am wenigsten hervor.

Es ist nicht zu leugnen, daß diese Art der Löhnung eine natur= gemäße und im Allgemeinen eine zweckmäßige ist.

Durch sie gerade bleibt auch in schlechten Zeiten die Existenz der Arbeiter eine sorgenfreie und gesicherte, sie hat außerdem den Vortheil, daß sie stets eine den Conjuncturen gemäße ist und daher mit diesen steigt und fällt, ohne alle Jahr verändert werden zu müssen.

Dennoch aber trägt sie die Schuld, daß der Arbeiter seiner Meinung nach nicht genug verdient. Er unterschätzt den Werth der Emolumente und in der That haben diese für ihn auch nicht den vollen Werth, weil er sie nicht entsprechend verwerthen und im Ganzen nur wenig daran ersparen kann; denn theils wird er beim Verkauf derselben über-vortheilt und ist sein Nutzen nur ein geringer, theils kommt ihr Nicht-gebrauch nicht ihm, sondern seinem Herrn zu gut, daher zieht er es vor, dieselben mit seinem Vieh zu verfuttern und sie in der Wirthschaft aufzubrauchen. Ebenso hat er auch nicht das Streben, durch vermehrte Arbeit mehr zu verdienen. Er mag faul oder fleißig sein, sein Lohn bleibt derselbe und seine vermehrte Arbeit kommt ebenfalls nicht ihm, sondern seinem Herrn zu gut. Selbst bei Accordarbeiten steht der Hof-tagelöhner mit seinen Emolumenten gegen den freien Arbeiter zurück, denn dieser verdoppelt z. B. bei doppelter Leistung seinen ganzen Arbeitslohn, jener dagegen nur den geringeren baaren Theil desselben.

Allerdings giebt es aber auch unzählige Fälle, wo der Tagelöhner, namentlich wenn er eine tüchtige Hausfrau hat, dennoch in der Lage ist, ein Erhebliches zu ersparen. Wir sehen dies am Deutlichsten bei denjenigen Familien, welche nach Amerika auswandern; denn obgleich fast Alle ihre Wirthschaft nur mit geringen Mitteln und oft mit Schulden angefangen haben, so beträgt nicht selten der Erlös aus ihrer Auction mehrere Hundert Thaler. Dieser Umstand beweist uns, wie gut die materielle Lage unserer Tagelöhner ist, da sie, trotzdem daß sie ihren Lohn nicht zu seinem vollen Werthe ausnutzen können, immerhin noch in der Lage sind, für einen Arbeiter verhältnißmäßig viel daran zu erübrigen.

So gut und so sorgenfrei aber auch die pecuniäre Lage unserer Arbeiter ist, so ist sie doch immer diejenige eines Lohnarbeiters und daher eine von seinem Arbeitgeber mehr oder weniger abhängige.

Sie ist hier bei uns theilweise sogar noch abhängiger als anderswo, denn erstens ist mit Ausnahme der freien Arbeiter jeder andere ländliche Arbeiter durch seinen Contract stets auf den Zeitraum eines vollen Jahres von Herbst zu Herbst gebunden und kann denselben nur ½ Jahr vorher ankündigen, so daß er, wenn er dieses nicht thut, noch auf 1½ Jahr zur Arbeit verpflichtet bleibt und zweitens befinden unsere

Tagelöhner und Deputatisten sich dadurch noch in einer besonders abhängigen Lage, daß sie dort, wo sie arbeiten müssen, auch zugleich mit ihren Familien wohnen, im Fall einer Dienstaufkündigung sich also nicht nur nach einem anderweitigen Dienst, sondern zugleich auch nach einem anderweitigen Unterkommen für ihre Familie umzusehen haben. Durch den großen in einer Hand befindlichen Grundbesitz und den daraus folgenden Mangel an kleinen Büdnern und Bauern hängen sie außer= dem in gar vielen Fällen, wo es sich um außercontractliche Leistungen handelt, von dem guten Willen ihres Herrn ab und haben diese es in der Hand, durch Gewährung oder Versagung der gewünschten Leistung dem Arbeiter behülflich zu sein oder nicht.

Ich brauche nur auf die Hülfe bei Gewinnung der eigenen Ernte, auf die etwaige Qualität der verheißenen Naturalemolumente, auf das Instandhalten der Wohnungen und Ställe, auf die Unterstützung bei Krankheitsfällen und dergleichen mehr hinzuweisen. Der Arbeiter sieht sich daher genöthigt, in vielen Fällen dem Gutsherrn zu Willen zu sein, um ihn nicht gegen sich einzunehmen.

Dazu kommt, daß bei allen Vortheilen, welche die Stellung eines Hoftagelöhners mit sich bringt, sie doch auch manches Drückende und Lästige hat, so z. B. die Verpflichtung, jeden Tag für die volle Arbeitszeit zur Arbeit kommen zu müssen und vor Allem die Haltung des Hof= gängers. — Die Verpflichtung der täglichen Arbeit existirt für alle Dienstboten; sie hat aber für die verheiratheten und mit einem eigenen Hausstande versehenen die Härte, daß sie ihnen ein jedes Familienleben unmöglich macht und ihnen auch keine Zeit zur Besorgung ihrer eigenen Wirthschaft übrig läßt. Wo also der Gutsherr nicht aus freiem Willen seinen Leuten die Zeit giebt, ihre eigene Wirthschaft zu besorgen, sind dieselben genöthigt, den Sonntag hierzu zu verwenden und insofern tritt auch hier wieder die Abhängigkeit von dem guten Willen des Herrn hervor.

Das Institut der Hofgänger ist ebenfalls ein für die Tagelöhner sehr drückendes. Auf die Entwickelung derselben hier näher einzugehen ist überflüssig und würde zu weit führen, es genügt die Thatsache, daß von Jahr zu Jahr die Beschaffung der Hofgänger eine schwierigere wird und daß die Ansprüche derselben den Tagelöhnern gegenüber steigen. Während früher die Hofgänger Dienstboten der Tagelöhner waren, sind sie durch die Macht der Verhältnisse jetzt häufig deren Herren.

Wenn nun aber auch im Allgemeinen die Abhängigkeit des Arbeit= nehmers vom Arbeitgeber eine naturgemäße ist und diejenigen Zustände, wo solches Verhältniß aufhören würde, wegen ihrer Folgen weder für

den einen, noch für den anderen Theil wünschenswerth erscheinen, so ist
dennoch die Berechtigung des Wunsches, die Möglichkeit zu haben, sich
von solcher Abhängigkeit frei machen und einmal sein eigener Herr
werden zu können, nicht zu verkennen.

Eine solche Möglichkeit ist jedoch hier bei uns so gut wie ausgeschlossen.

Unsere ganzen Verhältnisse, alle unsere Bestrebungen sind von jeher darauf gerichtet gewesen, einen großen geschlossenen Grundbesitz herbeizuführen.

Allerdings ist nicht zu verkennen, daß namentlich in den letzten
Jahren von Seiten des Landesherrn viel geschehen ist, um im Domanio
wenigstens kleineren Besitz zu schaffen. Wenn diesem Beispiele in der
Ritterschaft noch nicht gefolgt ist, so liegt dieses zum größten Theil in
den Verhältnissen. Denn eines Theils stehen häufig die Lehn- und
Fideicommißeigenschaften, andern Theils die Verschuldung der Güter
und der daher erforderliche Consens der Gläubiger der Abtrennung
kleiner Gutstheile im Wege. Selbst aber, wo diese Hindernisse nicht
vorliegen oder auf irgend eine Art, wie etwa durch Verpachtung oder
Vererbpachtung zu umgehen sind, wird die Veräußerung kleiner Parcellen
wegen der naheliegenden Gefahr einer vermehrten Armenlast immer noch
auf Schwierigkeiten stoßen, weil wir keine Armenverbände besitzen,
sondern die ganze Armenversorgung eines Gutes dem Gutsherrn allein
zur Last fällt.

Dieses sind meiner Ansicht nach die wesentlichen Punkte, welche
den Arbeiter mit unseren Verhältnissen unzufrieden machen.

Ich gebe zu, daß in vielen Fällen auch noch der eine oder andere
Grund sich finden mag, ich glaube aber nicht, daß andere Gründe von
durchschlagender Wirkung sind.

Können wir und wollen wir eine Remedur schaffen, so müssen wir
uns zunächst mit den Hauptgründen beschäftigen und sehen, was dabei
zu thun ist. Das Andere wird die Zeit schon von selbst ausgleichen.

3. Was muß nun geschehen, um den Arbeitern das Ziel, das sie erstreben, zu ermöglichen?

oder mit anderen Worten: Was können wir thun, um denselben einen
höheren Verdienst, eine geringere Abhängigkeit und die Möglichkeit eines
eigenen Besitzes zu gewähren?

Wir dürfen bei der Beantwortung dieser Frage nicht aus den
Augen verlieren, daß es sich nicht nur um einseitige Aufbesserung der
Arbeiter handelt, alsdann wäre die Beantwortung sehr einfach, der Noth
jedoch nicht abgeholfen.

Der Zweck dieser Arbeit ist, die Interessen des Arbeitgebers und des Arbeitnehmers mit einander zu vereinigen und dem Arbeiter die Möglichkeit zur Erfüllung seiner Wünsche zu gewähren, ohne den Arbeitgeber dadurch zu schädigen.

Es muß hierbei als Regel festgehalten werden, daß bei allen in der Stellung der Arbeiter vorzunehmenden Aenderungen man sich möglichst eng an die bestehenden Verhältnisse und hergebrachten Gewohnheiten anschließe, daß man solche Aenderungen nur ganz allmählig und nur soweit vornehme, als sie zur Abhülfe der Beschwerden nothwendig erscheinen, denn bei der conservativen Gesinnung unserer ländlichen Bevölkerung und bei dem herrschenden Mißtrauen gegen ihren Herrn würden wir durch zu weit gehende Neuerungen vielleicht ganz das Gegentheil von dem bewirken, was wir wollen. Anstatt die Leute mit ihren Verhältnissen auszusöhnen, würden wir sie mit denselben nur noch unzufriedener und die Gährung immer größer machen.

Wir haben gesehen, daß die materielle Lage unserer Tagelöhner bei allen ihren Vorzügen dennoch eine drückende und abhängige sein kann, und nicht immer in dem Maaße, wie sie es wohl wünschen, ihnen die Möglichkeit gewährt, Etwas zurückzulegen.

Diesen Druck und dies Gefühl der Abhängigkeit werden wir am Besten beseitigen, wenn wir unsere Tagelöhner von der zwangweisen Gestellung des Hofgängers befreien und in ihrer eigenen Stellung sie derjenigen der freien Arbeiter nähern.

Eine gänzliche Aufhebung der Tagelöhner-Verhältnisse jedoch, oder auch nur der Naturalemolumente und Verwandlung dieser letzteren in Geldlohn, wie bei den freien Arbeitern, ist nicht empfehlenswerth, weil bei unordentlicher Wirthschaft, Faulheit oder Trunksucht des Mannes dadurch leicht eine Verarmung oder Zugrundegehen der Familie herbeigeführt werden könnte.

Es giebt gewisse Dinge, die meiner Ansicht nach der Arbeiter nicht entbehren kann und die ihm daher auch ferner in natura verabreicht werden müssen. Wo es möglich ist, möge man aber auch hier eine solche Einrichtung treffen, daß dasjenige, was der Arbeiter daran erspart, nicht seinem Herrn, sondern ihm selbst zu gute kommt.

Wohnung, Garten, Feuerung und Kuh sind Dinge, die ich zur Existenz einer Arbeiterfamilie für nothwendig halte, ebenso auch eine gewisse Quantität Brodkorn und freien Arzt.

Diese werden demselben also in natura zu verabreichen sein; um ihn aber in Bezug auf sein Tagelohn nicht schlechter zu stellen als den freien Arbeiter, wird es sich empfehlen, den Werth dieser Emolumente ihm nicht etwa an seinem Tagelohn abzuziehen, sondern ihn dafür eine gewisse Miethe zahlen zu lassen, welche bei der Wohnung, dem Holz, dem Garten und dem Arzt eine einmal firirte, bei der Verabreichung von Torf, Futter und Korn aber nach der genommenen Quantität zu bemessen sein wird.

Apotheke und Schulgeld wird der Arbeiter füglich selbst bezahlen. Dreschkorn, Schafhaltung und Acker im Felde werden in Wegfall kommen können, jedoch mit der Beschränkung, daß Acker im Felde bis zu einer gewissen Größe gegen entsprechende Pacht verabreicht wird.

Der Tagelöhner wird auf diese Art im Durchschnitt dasselbe verdienen, wie bisher. Für den Gutsherrn tritt aber durch den Wegfall des Hofgängers der Nachtheil ein, daß während er früher aus jeder Wohnung 2 Arbeiter hatte, er in Zukunft nur noch einen Arbeiter haben wird, daß also der Werth resp. die Kosten der Wohnung anstatt sich auf 2 Arbeitskräfte zu vertheilen, einer einzigen zuzurechnen sind und diese um so theurer machen. Daher muß sein Bestreben sein, den Tagelöhner zu veranlassen, noch einen zweiten Arbeiter zu stellen. Dieses aber nicht durch Zwang, sondern durch die Höhe des Lohnes, welchen er demselben verabreicht; er wird damit bewirken, daß, wenn die Tagelöhner erwachsene Kinder haben, sie solche nicht in fremden Dienst schicken, sondern bei sich im Hause behalten werden, und indem der Gutsherr sich auf diese Art eine bei Weitem bessere Arbeitsklasse verschafft, als durch fremde herumlaufende Subjecte, gewährt er zugleich denjenigen seiner Leute, welche das Streben haben, vorwärts zu kommen und etwas zu verdienen, die Mittel, dieses zu erreichen. Durch vermehrte Einführung von Accord-Arbeit wird er zugleich sie zu erhöhten Leistungen anspornen, und es findet nun nicht mehr der Unterschied statt, daß der Tagelöhner nur einen Theil seines Tagelohnes durch Accordarbeit vermehrt, sondern er wird sein volles Tagelohn entsprechend vermehren.

Wenn allerdings von einigen Seiten verlangt wird, es müsse nun auch eine Aufhebung aller Contracte stattfinden, weil sie dem freien Willen des Arbeiters entgegenständen und ihn zwängen, eine gewisse Zeit in einem bestimmten Verhältnisse zu bleiben, so muß ich solche Ansichten in das Gebiet der socialistischen Forderungen verweisen, welchen wir weder in unserem eigenen Interesse, noch in dem der Arbeiter nachgeben können. Für den Landwirth ist es unmöglich, ohne einen gewissen, wenn auch noch so kleinen Stamm bestimmter Arbeitskräfte zu wirthschaften. Er muß wissen, auf wie viel Arbeitskräfte er rechnen kann, damit er nicht eines Tages, wenn die Noth am größten, ohne jeglicher Arbeiter dasteht. Eine Aufhebung aller Contracte führt zu einem gegenseitigen Ueberbieten, das nur der Reiche aushalten kann, das den Mittellosen aber bald an den Rand des Abgrundes bringt. Dadurch wird weder der Nationalwohlfahrt gedient, noch auch stehen die Arbeiter sich gut dabei; sie werden zeitenweise vielleicht etwas mehr verdienen, dafür aber werden sie zu denjenigen Zeiten, wo die Arbeit knapp ist, herumlaufen, ohne Arbeit zu finden.

Sie werden außerdem an ein Herumziehen gewöhnt, häufig fern von der Familie sein und in Wirthshäusern und in Schenken herumliegen. Mit dieser erträumten Freiheit erweist man ihnen einen schlechten Dienst. Man richtet sie sittlich zu Grunde, während im Gegentheil unser Be= streben darauf hin gerichtet sein muß, sie sittlich zu heben. Dieses ist jedoch nur dort möglich, wo wir dieselben ihren Familien möglichst erhalten. Nichts ist mehr als das Familienleben im Stande, die edlen Keime, welche im Menschenherzen liegen, zu wecken und zu fördern. Ein Familienleben ist aber undenkbar ohne Haus. Daher gilt es vor Allem, dem Arbeiter eine behagliche Wohnung zu verschaffen, alsdann aber auch ihm die Möglichkeit des Genusses desselben zu gewähren. Ob eine Reduction der Arbeitszeit, wie sie vielfach gefordert wird, im land= wirthschaftlichen Betriebe durchführbar ist, oder nicht, wage ich nicht zu entscheiden. Jedenfalls aber hat der Arbeiter doch wohl einen Anspruch auf den Sonntag. Wenn daher schon jede Arbeit für die Herrschaft mit Ausnahme der nothwendigen zu verwerfen ist, so gilt dies auch von den eigenen Arbeiten der Arbeiter. Man kann sie natürlich nicht daran hindern, wenn sie arbeiten und sind desfallsige Gesetze nicht zu empfehlen, aber die Herrschaft darf nicht die Hand dazu bieten, namentlich nicht die Veranlassung sein, daß die Arbeiter dazu gezwungen sind; sie müssen daher dem Arbeiter in der Woche die Zeit zu denjenigen Arbeiten gewähren, welche die Frauen nicht allein besorgen können, und benutzt der Arbeiter dann dennoch den Sonntag dazu, so hat er wenigstens die Verantwor= tung dafür allein zu tragen.

Mit der Sorge für das Familienleben der Arbeiter geht Hand in Hand die Sorge für ihre Erziehung und Weiterbildung: die Schule und die Kirche sind daher zwei weitere Punkte, auf die wir unser Augenmerk richten müssen. Die Schule hat die Aufgabe, den menschlichen Geist auf eine höhere und sittlichere Bildungsstufe zu erheben, ihn zu befähigen, seine dereinstige Stellung den Ansprüchen der Zeit gemäß aus= füllen zu können. Die Kirche dagegen soll die im Menschen schlum= mernden religiös=sittlichen Keime wachrufen, entwickeln und kräftigen, sie soll ihm den moralischen Halt geben.

Es gehört dazu, daß sowohl der Lehrer wie der Pastor sich ihrer Aufgabe bewußt sind, daß aber auch die Eltern und die Herren erkennen, daß auch sie Verpflichtungen in dieser Beziehung haben. Wie häufig findet man noch Lehrer, die auch den geringsten Anforderungen nicht genügen, wie häufig Prediger, welche glauben, mit der Predigt sei ihr Amt erfüllt, und um das specielle Seelenheil ihrer Gemeinde sich gar nicht kümmern! Wie oft sieht man noch Eltern, denen am Schulbesuch ihrer Kinder Nichts gelegen, die, um einen Esser aus dem Hause los zu sein, ihr noch nicht eingesegnetes Kind, anstatt zur Schule, in fremden Dienst schicken und es damit den Versuchungen der Welt aussetzen?

Möge man doch auch hier daran denken, daß die Kindheit des Menschen für sein ganzes weiteres Leben vom größten Einfluß ist, daß in der Jugend die Keime zum Guten und zum Bösen gelegt und entwickelt werden, daß also auch hier schon mit Abhülfe und Besserung begonnen werden muß.

Wenn wir die sittliche Hebung des Arbeiters bewirkt und ihm die Gelegenheit gewährt haben, durch Fleiß und Sparsamkeit sich ebensoviel erübrigen zu können, wie in anderen Ländern, so bleibt uns nun nur noch übrig, ihm auch die Möglichkeit zu gewähren, seine Ersparnisse in eigenem Grund und Boden anlegen und damit aus dem gebundenen und abhängigen Verhältniß herauskommen zu können.

Wenn aber diese Schaffung des kleinen Grundbesitzes noch manche Gegner findet und häufig noch hervorgehoben wird, es sei eine Maßregel, durch welche man wohl kleine Handwerker, Handelsleute u. s. w., jedoch keine Arbeiter schaffe, so weise ich nur darauf hin, wie mancher kleine Handwerker, Handelsmann u. s. w. bei der freien Concurrenz nicht hat bestehen können, sondern sich genöthigt gesehen hat, zu gewöhnlicher Hand- und Tagelohnsarbeit zu greifen. Außerdem soll der kleine Grundbesitz ja aber nicht nur deswegen geschaffen werden, um direct ländliche Arbeiter zu haben, sondern vor Allem, um dem Arbeiter das Gefühl zu geben, er könne auch hier aus seiner abhängigen Stellung heraus- und in eine unabhängigere und freiere hineinkommen, und damit ihm einen Grund zur Unzufriedenheit mit den bestehenden Verhältnissen und zur Auswanderung zu nehmen.

Man bedenke auch, daß gerade durch Schaffung von kleinem Grundbesitz man dem von der internationalen Arbeiter-Association gefaßten Beschluß, welcher das Collectiv-Eigenthum an Grund und Boden proclamirt, die allerwirksamsten Gegner schafft. Denn solche Beschlüsse wird nur der fassen, der Nichts hat und der mit Hintenansetzung des Begriffes vom wohlerworbenen Mein und Dein etwas erreichen will.

Der Schaffung des kleinen Grundbesitzes stehen jedoch, wie wir gesehen haben, eine Menge Hindernisse im Wege, die zunächst bei Seite geräumt werden müßten. Wenn von Einigen hierzu die Hülfe des Staates verlangt und daran zugleich die Forderung einer radicalen Aenderung aller einschlägigen Verhältnisse geknüpft wird, so kann ich mich diesen Forderungen nicht anschließen.

Meiner Ansicht nach ist die Schaffung selbst des kleinen Grundbesitzes die Frage, um welche es sich handelt und der Weg, auf welchem wir diesen am einfachsten und mit den geringsten Aenderungen bestehender Verhältnisse erreichen können, der beste.

Ich habe in meiner Arbeit diesen Weg auseinander gesetzt und kann auch jetzt nur daran festhalten, indem ich ihn für den einzigen halte, auf welchem wir auf völlig legale und gerechte Weise den Zweck erreichen und die ihm entgegenstehenden Hindernisse vermeiden. Kann und will ein Einzelner Parcellen von seinem Eigenthum ablösen und in kleinen Besitz verwandeln, so möge er es thun, immer aber, ohne dadurch die Rechte Anderer zu verletzen oder zu beeinträchtigen. Wohlerworbene Rechte sind eben so gut Eigenthum, wie Hab und Gut, und wir dürfen nicht die Gesetzgebung benutzen, um, wenn es unsern Zwecken paßt, daran zu rütteln. Es ist nicht abzusehen, wie weit das führen könnte und es ist gerade den socialistischen Verwirrungen unserer Zeit gegenüber nothwendig, an die Heiligkeit und Unverletzlichkeit des Eigenthums zu erinnern und festzuhalten.

Allerdings aber wird die Gesetzgebung ihre hülfreiche Hand zur Einführung von kleinem Besitz bieten müssen, denn es werden durch denselben Verhältnisse entstehen, die theils bisher nicht vorgesehen, theils in die gegenwärtigen Gesetze nicht hineinpassen.

Insofern ist denn auch, obgleich die Arbeiterfrage eine rein sociale ist, ein Eingreifen des Staates geboten, denn derselbe hat nicht nur dort, wo es gilt, Gewalt und Unrecht abzuwenden, sondern auch dort, wo es das Wohl des Ganzen erheischt, die Verpflichtung, einzugreifen und voranzugehen und zwar sowohl zur Beseitigung solcher Institutionen, welche einer gedeihlichen Entwickelung entgegen stehen, wie auch zur Einführung solcher, welche dieselbe fördern.

Dort jedoch, wo es nur gilt, Arbeitszeit, Lohnhöhe und dergleichen zu regeln, muß meines Erachtens die Arbeiterfrage bleiben, was sie ist, nämlich eine rein sociale und muß demgemäß auch auf socialem Wege, also durch Vereinbarung zwischen Arbeitgeber und Arbeitnehmer gelöst werden.

Diese Vereinbarungen aber führen mich auf einen Punkt, der schon häufig in Anregung gebracht und empfohlen worden. Ich meine nämlich die Schiedsgerichte.

Es ist gewiß nicht zu verkennen, daß in nächster Zeit, namentlich durch die nicht zu vermeidende Umgestaltung unserer Arbeiterverhältnisse, häufiger als bisher Differenzen zwischen Arbeitgeber und Arbeitnehmer entstehen werden.

Dieselben werden noch dadurch sich mehren, daß bei der herrschen= den und nicht wegzuleugnenden Unzufriedenheit der Arbeiter willig sein Ohr solchen Einflüsterungen leiht, die, aus welchem Grunde es nun auch sei, ihn gegen den Arbeitgeber aufzuregen suchen.

Bedenkt man aber, wie häufig durch solche Differenzen sonst tüchtige und brauchbare Arbeiter dem Arbeitgeber verloren gehen, weil in den meisten Fällen eine Entlassung oder Aufgeben der Arbeit die Folge sein wird, und bedenkt man, zu welchem Betrage oft die Kosten solcher Differenzen durch unser weitläufiges Proceßverfahren anwachsen, so liegt wohl der Gedanke nahe, ob nicht vielleicht durch Ernennung von Schieds= gerichten, deren Urtheil beide Parteien sich unterwerfen, die Differenzen auf eine kürzere, billigere und die Gemüther weniger aufregende Art abzumachen wären?

Wir haben schon häufig in anderen Ländern, wo dieselben einge= führt, eine gedeihliche Lösung der Differenzen gesehen, und ich meines Theils glaube wohl, daß das Urtheil eines von beiden Parteien gewählten Schiedsgerichts weniger Unzufriedenheit auf Seiten desjenigen, der Un= recht erhält, hervorruft, als wenn das Urtheil durch ein wirkliches Gericht gefällt wird und mit großen Kosten verbunden ist.

Was nun den 2. Punkt, nämlich den

b. Arbeitermangel

betrifft, so haben wir auch hier wieder zu fragen:

Wodurch entsteht der Arbeitermangel?

und

Was kann geschehen zu seiner Abhülfe?

Aus den vorliegenden Arbeiten geht hervor, daß die Gründe des Arbeitermangels doppelter Natur sind, daß wir sie einmal in dem grö= ßeren Bedarf an Arbeitskräften und dann in der geringeren Zahl oder in der geringeren Güte derselben zu suchen haben.

Auf allen Gebieten des menschlichen Lebens sehen wir gesteigerte Anforderungen an Arbeitskraft und finden als Veranlassung dazu die fortschreitende Cultur mit ihren Folgen. Durch das Wachsen des Kapitals, durch die dadurch wachsenden Bedürfnisse des Lebens und durch den immer größer werdenden Verkehr werden eine Unzahl Arbeiten hervorgerufen, welche sowohl bei ihrer Anlage, wie auch bei ihrer Unterhaltung große Massen von Arbeitskraft consumiren und anderen Arbeiten entziehen.

Ich weise nur auf die Gründung der vielen Fabriken und anderen gewerblichen Anlagen, auf den Bau der Kunststraßen, der Eisenbahnen, der Kanäle hin, sie alle bedürfen der Arbeitskraft zu ihrer Instandhaltung und zu ihrem Betriebe ebensogut, wie zu ihrer Anlage.

Ich weise ferner auf die gewöhnlichen Bedürfnisse des Lebens, auf den Bedarf an Dienstboten und was damit zusammenhängt hin. Auch hier finden wir ein stetes Wachsen durch alle Schichten der Bevölkerung.

Dem entgegen aber finden wir kein entsprechendes Zunehmen der Arbeitskraft, sondern im Gegentheil eine Verringerung derselben.

Wir sehen auf der einen Seite eine immer mehr um sich greifende Unlust zur Arbeit und auf der anderen Seite eine Verminderung der Arbeitskraft durch Auswanderung in fremde Länder.

Wollen wir also Abhülfe schaffen, so müssen wir die Arbeitskraft wieder in das richtige Verhältniß zu dem Bedarfe darnach bringen.

Wir müssen die Arbeitskraft heben, die Abnahme verhindern und, bis daß dies geschehen, vielleicht sogar den Bedarf einschränken.

Eine Hebung der Arbeitskraft werden wir erreichen durch ein verändertes Lohnsystem und ist bereits darauf hingewiesen, daß unser bisheriges Lohnsystem bei seinen vielen Vorzügen dennoch den großen Fehler hat, daß es für den Arbeiter keinen Sporn zu größerem Fleiße und vermehrter Thatkraft besitzt, indem durch den einmal fixirten Tage- oder Jahreslohn der Arbeiter durch vermehrten Fleiß nicht für sich, sondern nur für seinen Herrn erwirbt. Wir werden also dahin trachten müssen, diesem Uebelstande abzuhelfen und das Interesse des Arbeiters mit dem des Herrn zu verbinden.

Der einfachste Weg hierzu ist jedenfalls die thunlichst größte Einführung von Accordarbeiten. Die Erfahrung lehrt, daß bei ihnen der Arbeiter durchschnittlich $\frac{1}{4}$—$\frac{1}{3}$ mehr leistet, als in Tagelohn, und diese Mehrleistung kommt nicht nur seinem Herrn, sondern wegen des dadurch erzielten höheren Lohnes auch ihm selbst zu gut.

Es ist allerdings nicht zu leugnen, daß der allgemeinen Einführung von Accordarbeiten im landwirthschaftlichen Betriebe gar manche Schwierigkeiten im Wege stehen, und daß gewisse Verrichtungen stets in Tagelohn werden vorgenommen werden müssen, es bleiben jedoch immer noch genügend Arbeiten vorhanden, die in Accord verrichtet werden könnten und wo es bisher nur an einem Maßstabe zu seiner Höhe fehlt.

Ein weiterer Weg, die Arbeiter zu größeren Leistungen anzuspornen und zugleich sie an das Gut zu fesseln, wäre auch die Einführung gewisser Prämien oder Tantièmen vom Reinertrag. Es ist in dieser Beziehung bereits von einigen Gutsbesitzern, vor Allem von dem verstorbenen Herrn von Thünen auf Tellow, vorgegangen worden, jedoch haben diese Schritte bisher noch wenig Nachahmung gefunden, und mag vielleicht außer den Umständen, welche ihre Einführung und Durchführung verursacht, die Befürchtung ein Haupthinderniß gewesen sein, daß man dadurch anderen Leuten einen Einblick in seine Vermögensverhältnisse und in die Ertragsfähigkeit der Güter gewähre, oder auch seine Wirthschaftsweise einer Kritik Seitens der Arbeiter aussetze.

Gedrängt durch die Zeit werden wir uns aber zu manchen Einführungen entschließen müssen, die uns widerstreben und können wir uns von der eben erwähnten wirklich Hülfe versprechen, so wäre sie immer noch nicht eine der schlechtesten.

Wie solche Tantièmen zu bemessen und wie sie zu vertheilen wären, kann hier nicht näher erörtert werden, nur auf das Eine möchte vielleicht hinzuweisen sein, daß solche Tantièmen nicht als zum Lohn gehörig, sondern als Gratification für treue Arbeit und gutes Verhalten gewährt werden müssen und daß sie immer erst nach einer Reihe von Jahren factisch erhoben werden dürfen, bei einem früheren Verlassen des Gutes aber ohne Weiteres verfallen.

Auch in der vermehrten Anwendung guter Maschinen, namentlich solcher, welche Hände-Arbeit ersparen, würde eine Hülfe gegen den Arbeitermangel zu finden sein. Man darf dabei aber nicht verkennen, daß die Wirthschaft mit Maschinen eine theure ist, und daß diese wohl momentan eine große Zahl von Arbeitskräften ersetzen, auf die Dauer aber niemals Handarbeit überflüssig machen können.

Ob zur Beseitigung des Arbeitermangels auch, wie es von vielen Seiten vorgeschlagen wird, die Herbeiführung einer Einwanderung aus anderen uns verwandten Ländern oder gar eine Rückwanderung der nach Amerika ausgewanderten und dort heruntergekommenen Landsleute von Nutzen sein würde, ist wohl eine fragliche Sache.

Wir haben versucht, durch schwedische und preußische Arbeiter Ersatz für die uns fehlenden Kräfte zu schaffen. Wir haben auch momentan uns aus der Noth geholfen. Im Ganzen aber sind die erzielten Resultate doch bei Weitem hinter den gehegten Erwartungen zurückgeblieben. Allerdings darf man deswegen die Sache noch nicht aufgeben, weil möglicherweise die schlechten Resultate nur Folgen schlechter Maßregeln waren.

Ich glaube jedoch nicht, daß wir irgend einen nachhaltigen Ersatz zu erwarten haben, ehe wir nicht den Boden derartig ebenen, daß die Menschen hier bei uns finden, was sie anderswo, namentlich in Amerika, suchen. Bis dahin werden wir immer nur solche Leute erhalten, die entweder durch eigenes Verschulden in ihrer Heimath es zu Nichts bringen und die vielleicht durch Versprechungen u. s. w. bewogen werden, es hier bei uns zu versuchen, oder solche, die durch einen augenblicklichen Nothstand gezwungen werden, sich anderswo ihren Erwerb zu suchen. Die Ersteren können uns nichts nützen, die Letzteren keine dauernde Hülfe gewähren.

Ebenso wird es vermuthlich mit denjenigen sein, die nach Amerika gegangen, dort ihre Erwartungen nicht erfüllt gesehen haben und nun gern in ihre alte Heimath zurückkehren möchten.

In den meisten Fällen werden dies ebenfalls solche Subjecte sein, die durch eigenes Verschulden heruntergekommen und nun, nachdem sie an ein ungeregeltes und zügelloses Leben gewöhnt worden sind, für unsere Verhältnisse nicht mehr taugen. So gut allerdings, wie die Arbeiter, die wir neuerdings aus Preußen erhalten haben, werden sie auch noch sein, und da es möglich ist, daß sie durch Erfahrung klug geworden sind, so möchte ich den Gedanken eines Versuchs, nach Amerika Ausgewanderte zurückzubeten, doch nicht ohne Weiteres verwerfen. Auf eine erhebliche Hülfe des Staates werden wir dabei jedoch nicht zu rechnen haben, sondern das Unternehmen wird mehr oder weniger von Privaten und mit Privatmitteln ausgeführt werden müssen.

Wirksamer als alle diese Mittel zur Hebung der Arbeitskraft würde es sein, wenn es uns gelänge, die Gründe zu heben, durch welche dieselbe von Jahr zu Jahr verringert wird.

Ich habe bereits in der von mir verfaßten Arbeit darauf hingewiesen, daß bisher diese Verringerung der Arbeitskraft nicht darin besteht, daß unsere Bevölkerung numerisch abgenommen, sondern darin, daß sie in Bezug auf Arbeitsleistung eine viel schlechtere geworden, indem die jungen und kräftigen Leute weggehen, die Alten und die Kinder jedoch zurückbleiben.

Bleibt die Auswanderung jedoch dieselbe wie bisher oder steigt sie gar noch, so werden wir bald dahin gelangen, daß auch die numerische Zahl abnimmt.

Es ist daher von der größten Nothwendigkeit, sowohl für den Einzelnen, wie auch für den Staat, welcher durch die massenhaften Auswanderungen in Mitleidenschaft gezogen wird, Maßregeln zu ergreifen, dieser Auswanderungswuth vorzubeugen und die Veranlassungen dazu nach Möglichkeit hinwegzuräumen.

So entsteht nun die Frage, welches sind die Veranlassungen zur Auswanderung? und glaube ich, daß wir fast sämmtliche auf die „Unzufriedenheit mit den bestehenden Verhältnissen" zurückführen können. Der Trieb nach den drei ersehnten Zielen: Freiheit, Gleichheit und Reichthum und die Unmöglichkeit oder doch wenigstens Schwierigkeit, diese drei Dinge hier zu erreichen, das ist meines Erachtens dasjenige, was den Hauptgrund zur Auswanderung abgiebt.

Wenn es heißt: es sind die verlockenden Briefe bereits nach Amerika Ausgewanderter, es sind die häufig übertriebenen Schilderungen und anderweitigen Ueberredungen der Auswanderungs-Agenten, so gebe ich zu, daß dieses Alles gewiß mit dazu beiträgt, aber nur darum, weil die Leute mit den hiesigen Verhältnissen, mit ihrer Abhängigkeit, mit ihrem scheinbar geringen Verdienst, mit der Verpflichtung zum Militairdienst u. s. w. unzufrieden sind und der Hoffnung leben, dieses Alles in Amerika anders zu finden.

Wir werden daher auch gegen die Auswanderung nichts Anderes thun können, als daß wir versuchen, wie in dem ersten Theile bereits angegeben, die Veranlassungen zur Unzufriedenheit hinwegzuräumen.

Ob wir damit Glück haben werden, oder ob der Trieb nach etwas Neuem, der Zug, den vorausgegangenen Verwandten und Bekannten nachzufolgen, nicht stärker ist, das muß die Erfahrung lehren.

Wir können allerdings noch darüber wachen, daß wenigstens die Verführung und die Ueberredung nicht um sich greifen, und möchte es insofern sich empfehlen, auch auf die Auswanderungs-Agenturen sein Augenmerk zu richten.

Agenturen müssen sein, aber nur zur Vermittelung und Erleichterung für diejenigen, welche auszuwandern beabsichtigen Wenn die Agenten jedoch durch die Vermittelung direct und indirect einen solchen Verdienst haben, daß sie nicht nur davon bestehen, sondern dabei reich werden, so liegt die Befürchtung nahe, daß dieselben sich nicht nur auf Vermittelungen beschränken, sondern auch zur Ueberredung greifen, sei es nun durch Herabziehen unserer Zustände oder durch Hervorhebung der amerikanischen, und da ist es die Pflicht des Staates, seine Unterthanen zu schützen und Maßregeln zu ergreifen, diesem Unwesen zu steuern.

Im Grunde aber ist es gewiß wahr, wenn hervorgehoben wird: ein Brief aus Amerika mache mehr Auswanderungslustige, als 10 Agenten, und wir selbst trügen die meiste Schuld daran, indem wir durch die früher geschehene Förderung der Auswanderung den Leuten selbst den Weg dazu gezeigt.

Im Vorstehenden hoffe ich nun die Wege, welche vielleicht dazu führen können, dem herrschenden Arbeitermangel mit der Zeit abzuhelfen, angegeben zu haben.

Es wird jedoch noch lange dauern, ebe dieselben sich Eingang verschafft, und werden wir bis dahin dort, wo die vorhandenen Kräfte nicht mehr ausreichend sind, uns genöthigt sehen, unsere Anforderungen an Arbeitskraft herabzusetzen.

Wir werden unsere Wirthschaft vereinfachen müssen, wir werden dasjenige, was wir den Forsten und Wiesen zum Kornbau abgenommen, diesen wieder zurückgeben und vielleicht sogar wieder zur Koppelwirthschaft zurückkehren müssen.

Hoffen wir jedoch, daß dieses Alles nur ein Uebergangs-Stadium sei und daß die Zeit nicht allzufern liege, wo in geregelten und normalen Verhältnissen die Landwirthschaft wieder aufblühen möge.

Kennt man erst den Grund des Uebels und herrscht bei allen Betheiligten der redliche Wille, die bessernde Hand daran zu legen, so kann man auch mit Zuversicht einer günstigen Lösung der ländlichen Arbeiterfrage entgegensehen.

Correferat

von

Schumacher-Zarchlin.

———◦≡◦———

I. Welches ist die wirthschaftliche Lage der arbeitenden Klassen in Mecklenburg?

a. der unverheiratheten Dienstboten?

b. des verheiratheten Gesindes?

c. der freien Arbeiter?

1. Bei Untersuchungen über die wirthschaftliche Lage der Arbeiter-klassen in Mecklenburg, welche der Landwirthschaft dienstbar sind, kommen vorzugsweise in Betracht:

a. Unverheirathetes Gesinde, d. i.
Männliche Dienstboten,
Weibliche Dienstboten;

b. Verheirathetes Gesinde, d. i.
Tagelöhner auf den Höfen,
Deputatisten auf den Höfen,
Gehöftstagelöhner in den Dörfern;

c. Freie Arbeiter, d. i.
Lediglose junge Leute ohne eigenen Herd,
Miethseinwohner auf Höfen,
Miethseinwohner in Dörfern, sog. Einlieger,
Miethseinwohner in Städten,
Grundbesitzende Arbeiter in Städten,
Grundbesitzende Arbeiter in Dörfern, sog. Häusler.

2. Das Verhältniß des unverheiratheten und des verheiratheten Gesindes zu ihrem Lohnherrn beruht auf dem Miethscontracte, welcher gewöhnlich auf 1 Jahr geschlossen wird, am 24. October beginnt und um Ostern von beiden Theilen zum 24. October gekündigt werden kann.

An vielen Stellen ist jedoch das Verhältniß zwischen dem Dienst-herrn und den Katenleuten durch Regulative geordnet, welche theils in Pachtcontracten, theils in Folge schiedscommissarischer Entscheidung, theils durch Entscheidungen der Regierung vorgeschrieben sind.

Beim verheiratheten Gesinde — Katenleute — tritt zu diesen Miethscontracten als besonderer Bestandtheil des juristischen Verhältnisses zwischen dem Dienstherrn und den Katenleuten ein genossenschaftliches Band, welches die Interessen Beider enge verknüpft. Das Einkommen der Katenleute ist nämlich abhängig von den Erträgen aus Grund und Boden.

Die Miethscontracte — Regulative — des verheiratheten Gesindes lauten sehr verschieden; über eine wichtige Seite des Verhältnisses der Katenleute zum Dienstherrn, nämlich über die Frauenarbeit, ist Folgendes beachtenswerth: In früheren Zeiten war es allgemeine Verpflichtung, daß die Frau des Katenmannes täglich, namentlich in wichtigen Fällen, z. B. in der Raps=, Heu= und Kornernte und bei häuslichen und Gartenarbeiten Hülfe leistete, falls nicht häusliche Vorkommenheiten hinderlich waren. Diese Verpflichtung besteht noch heute unverändert an einigen Arbeitsstellen. Später wurde diese Verpflichtung an den mehrsten Orten auf die dringendsten Fälle und auf die Nachmittags=stunden beschränkt, wogegen die Katenleute auf den Höfen sich bereit erklärten, einen jüngeren Dienstboten — Hofgänger — zu stellen, welcher statt der Frau täglich die Arbeiten für den Hof verrichtet.

Zwischen den freien Arbeitern und ihren Lohnherren besteht das angedeutete genossenschaftliche Verhältniß nur selten und dann jedenfalls nicht in dem Umfange, wie es bei den Katenleuten in Erscheinung tritt. Die Verabredungen mit den freien Arbeitern sind gewöhnlich für kürzere Zeit als für ein Jahr bindend, doch giebt es viele freie Arbeiter, welche in Rücksicht auf die Sicherheit ihres Jahresverdienstes und in Rücksicht auf die Nähe der Arbeitsgelegenheit ihren Lohn seit Jahren an einer und derselben Arbeitsstelle suchen.

3. Durch die Großherzogliche Verordnung vom 15. Mai 1848, betreffend Schiedscommissionen für streitige Verhältnisse der Hoftagelöhner ist bestimmt, daß Streitigkeiten der Hoftage=löhner mit ihren Gutsherren oder den Pächtern über das Maß der gegenseitigen Leistungen aller Art auf Antrag der Betheiligten commissarisch (durch Schiedscommissionen) erörtert und entschieden werden sollen. Gegen die Entscheidung der Commissionen steht beiden Theilen der Recurs an die Regierung zu, bei deren Entscheidung es schließlich bewendet.

Die Contracts-Clausel in Domanial-Pachtcontracten, daß es ver=pächterischer Seits freisteht, die Verhältnisse der Hoftagelöhner durch ein Regulativ zu ordnen, ist durch die Großherzogliche Verordnung vom 15. Mai 1848 nicht aufgehoben.

— 49 —

Solche Entscheidungen und contractliche Bestimmungen haben den Erfolg, daß Streitigkeiten der Hoftagelöhner mit ihren Lohnherren bei angemessener Beachtung der für den Ort und die Umgegend bestehenden Ueblichkeiten in den meisten Fällen rasch und glücklich erledigt werden, und daß in Folge der getroffenen Entscheidungen und contractlichen Bestimmungen der Jahreslohn der Arbeiter die zum noth= wendigen Lebensunterhalte erforderlichen Subsistenzmittel übersteigt, obgleich seit der Zugehörigkeit Mecklenburgs zum Deutschen Zollvereine die indirecten Abgaben für nothwendige und gewohnte Lebensbedürfnisse, Salz und dergleichen recht drückend geworden sind.

4. Derjenige Theil des Jahreslohnes, welcher den ländlichen Arbeitern in baarem Gelde gezahlt wird, dürfte beim unverheiratheten Gesinde und bei den Katenleuten auf den Höfen im Durchschnitt zu ¼, bei den Katenleuten in den Dörfern im Durchschnitt zu ½, bei den freien Arbeitern im Durchschnitt zu ¾ des ganzen Jahreslohnes zu veranschlagen sein. Der zweite Theil des Jahreslohnes ist Natural= lohn und besteht

a. beim unverheiratheten Gesinde in freier Station, in sogenannten Emolumenten zur Anfertigung von Bekleidungsgegenständen und in fertigen Kleidungsstücken;

b. bei den Katenleuten gleichfalls aus den sog. Emolumenten, z. B. Wohnung, Land zum Garten, Land im Felde zu Kartoffeln — Lein — Roggen — Hafer, Weide und Winterfutter für die Kuh= und Schafhaltung, Weide für Gänse oder Entschädigung beim Wegfall der Schaf= und Gänsehaltung, Stroh, Kaff, ärztliche Hülfe und Medicin, Fuhren, Brunnen, Bleiche, Back= ofen, Unterricht der Kinder gegen billiges Schulgeld, Feuerung gegen Bereitelohn, Drescherlohn, Korn zu abgemindertem Preise u. dgl. — In Emolumenten wird auch häufig die Pension für Wittwen und Waisen, und Armenversorgung gewährt.

c. bei den freien Arbeitern theils in einigen Emolumenten, z. B. Heu, Kartoffelland, Leinland, theils zu gewissen Zeiten des Jahres, namentlich zur Erntezeit in Beköstigung.

5. Schätzt man den Naturallohn des unverheiratheten Gesindes, der Katenleute und der freien Arbeiter nach dem Werthe, den die Emolumente für den Dienstherrn haben und zählt den baaren Lohn hinzu, dann wird die Schätzung des durchschnittlichen Jahres=

4

Lohnes für jede der drei genannten Arbeiterklassen während der letzten 10 Jahre, und zwar

für männliches unverheirathetes Gesinde auf den Höfen zu
155 Rthl.

für weibliches unverheirathetes Gesinde zu
110 Rthl.

für die jüngeren Dienstboten — Hofgänger — zu
90 Rthl.

für den verheiratheten Katenmann, welcher mit seiner Frau während des ganzen Jahres Arbeiten für eine und dieselbe ländliche Wirthschaft verrichtet, zu
200 Rthl.

für den verheiratheten Katenmann, welcher mit einem jüngeren Dienstboten während des ganzen Jahres Arbeiten für eine und dieselbe ländliche Wirthschaft verrichtet, zu
250 Rthl.

für den verheiratheten Katenmann, welcher mit einem jüngeren Dienstboten Arbeiten für den Hof verrichtet und dessen Frau in passender Zeit mitarbeitet, zu
270 Rthl.

für den freien Arbeiter zu
150 Rthl.

nicht zu hoch erscheinen.

6. Wenn man den so ermittelten Jahreslohn durch die Zahl der geleisteten Arbeitstage eines Mannes dividirt — wobei in Rücksicht auf die geringere Arbeitsleistung der Frauen, der weiblichen und der jüngeren männlichen Dienstboten jeder von denselben geleistete Arbeitstag nur zu ⅔ des Arbeitstages eines Mannes gerechnet werden darf — dann dürfte sich der Lohn, den augenblicklich die Mecklenburgischen Landarbeiter für jeden geleisteten Arbeitstag eines Mannes empfangen, im Durchschnitt auf mindestens 15 Sgr. belaufen.

Folgende Durchschnittszahlen dürften zutreffend sein:

Arbeiterklasse	Geleistete Männertage	Geleistete Frauentage	Reduciert auf Männertage	Summa	Jahreslohn	Lohn für den Arbeitstag eines Mannes
a. Männliche Dienstboten arbeiten an Werktagen 285 Tage die Sonntagsarbeiten, d. h. Viehfüttern u. s. w. sind zu schätzen auf . . . 25 "	310	—	—	310	155 ℳ	15 fgr.
b. Weibliche Dienstboten arbeiten an Werktagen . . . 285 " die Sonntagsarbeiten, d. h. Arbeit in der Meierei und künstliche Arbeiten sind zu schätzen auf . . . 45 "	—	330	220	220	110 "	15 "
c. Jüngere Dienstboten, Hofgänger, arbeiten an Werktagen für die Gutsherrschaft . . . 285 " die Sonntagsarbeiten, d. h. Gartenarbeiten u. dgl. im Dorf, sind zu schätzen auf . . . 15 "	—	300	200	200	90 "	13½ "
d. Katenleute, welche mit ihrer Frau Arbeiten für die Dienstherrschaft verrichten, leisten Männertage . . . 265 " Frauentage . . . 175 "	265	175	116	401	200 "	15 "
e. Katenleute, welche mit einem jüngeren Dienstboten — Hofgänger — Arbeiten für den Hof verrichten. leisten Männertage . . . 265 " Hofgängertage . . . 265 "	285	285	190	475	250 "	15¾ "
f. Katenleute, welche mit einem jüngeren Dienstboten — Hofgänger — Arbeiten für den Hof verrichten und deren Frauen in passender Zeit mitarbeiten, leisten Männertage . . . 265 " Hofgängertage . . . 265 " Frauentage . . . 60 "	285	345	230	515	270 "	15¾ "
g. freie Arbeiter leisten . . . 280 "	280	—	—	280	150 "	16 "

7. Das Einkommen einer Tagelöhnerfamilie ist höher als ihr Jahreslohn; es besteht aus dem Jahreslohne und demjenigen Betrage, den die Arbeiterfamilie in Freistunden dem Jahreslohne hinzufügt, indem sie einmal Nebenbeschäftigungen treibt und zweitens, indem sie den Werth der erhaltenen Emolumente durch die eigene Arbeit erhöht; dies Einkommen wird um so größer, je mehr die Gelegenheit zu Neben=beschäftigungen vorhanden ist, je besser und reichlicher gewisse Emolumente gewährt werden und je haushälterischer die Arbeiterfamilie mit denselben umgeht.

Die Deputatisten auf den Höfen, z. B. Schäfer, Kuhhirten, Statthalter, Pferdeknechte u. s. w. leisten der Hofwirthschaft eine größere Anzahl von Arbeitstagen als die Hoftagelöhner, haben dagegen theils leichtere Arbeit als die Hoftagelöhner, theils manche Vergünstigungen und Nebenverdienste, auch werden denselben in den mehrsten Fällen bei Erkrankungen keine Abzüge vom Jahreslohne gemacht, während die Hoftagelöhner, deren Emolumente gleichfalls ungeschmälert fortbestehen, für jeden nicht geleisteten Arbeitstag ihren baaren Tagelohn einbüßen.

Das Einkommen der Deputatisten wird im Durchschnitt von dem Einkommen der übrigen Katenleute nicht wesentlich abweichen.

8. Berechnet man dies Einkommen einer Arbeiterfamilie auf den Höfen, welche einen Hofgänger hält, nach den Preisen, welche die Producte während der letzten 10 Jahre auf dem Gute hatten, und kürzt einmal die erhaltene Summe um den Betrag der Kosten, welche dem Tagelöhner die Haltung des Hofgängers verursacht, zweitens die von der Arbeiterfamilie geleisteten Tage um diejenige Arbeitszeit, welche auf den Hofgänger zu rechnen ist, dann wird das Einkommen des Hof=tagelöhners für jeden Arbeitstag eines Mannes auf mindestens 20 Sgr. sich belaufen. Es wird etwa betragen

das ganze Einkommen 330 Rthl.

Kosten des Hofgängers 90 „

also das wirkliche Einkommen . . . . 240 Rthl., welches der Tage=löhner für sich und seine Familie während eines Jahres verbrauchen kann. Da derselbe mit seiner Frau 325 auf Männertage reducirte Arbeitstage leistet, so macht dies für jeden Arbeitstag eines Mannes über 22 Sgr.

9. Der Ueberschuß des Einkommens der Einlieger und Häusler im Großherzogl. Domanie über ihren Jahreslohn ist — abgesehen von den Zinsen eigenthümlichen Vermögens, welches bei den Katenleuten ebenso=

wenig in Anschlag gebracht ist — nicht unbedeutend, seit und solange zuerst durch die Großherzogl. Verordnung vom 10. October 1838 und dann durch die Großherzogl. Verordnung vom 11. April 1848 jeder Domanial=Einlieger und Häusler eine Ackercompetenz bis zu 200 □Rth., je nach der Qualität des Bodens und Weide und Wiesenwachs für eine Kuh gegen festen Pachtpreis, welcher höchstens ⅓ des wirklichen Pacht= werthes beträgt, sowie Feuerung gegen abgeminderte Taxe erhält.

10. So lange der städtische Tagelöhner auf den Höfen arbeitet, kann derselbe über seinen Arbeitslohn hinaus wenig zur Erhöhung seines Einkommens beitragen. Sein Arbeitslohn beträgt 150 Rthl. Soll sein wirkliches Einkommen eben so groß werden wie dasjenige der Mecklen= burgischen Katenleute, dann müßte seine Frau jährlich 90 Rthl. durch ihre Arbeit erwerben, dies wird nur sehr selten der Fall sein. Dazu kommt, daß die nothwendigen Subsistenzmittel in der Stadt theurer sind als auf dem Lande, und daß dem städtischen Arbeiter die Sicherheit des Jahresverdienstes fehlt, deren die Mecklenburgischen Katenleute sich zu erfreuen haben. Daraus folgt, daß die Lebensstellung der Mecklen= burgischen Katenleute eine einträglichere ist als diejenige der städtischen Tagelöhner.

11. Berechnet man schließlich die Höhe des Einkommens der Katenleute auf den Höfen, je nach der Lage des Gutes zum Absatzorte und je nach der Lage des Gutes in der Nähe einer kleineren oder größeren Stadt nach den Preisen, den die Producte in der Stadt haben, und kürzt man einmal diese Summe um den Betrag der Kosten, welche der Hofgänger dem Katenmanne verursacht nach denselben Sätzen, und zweitens die von der Arbeiterfamilie geleisteten Tage um diejenige Arbeitszeit, welche auf den Hofgänger zu rechnen ist, dann würde das jährliche Einkommen vieler Katenleute in Mecklenburg, aus Veranlassung der hohen Preise aller landwirthschaftlichen Producte in den letzten Jahren, augenblicklich auf 25 Sgr.—1 Rthl. für jeden Arbeitstag eines Mannes berechnet werden müssen.

Aus allem Diesen, sowie aus den Thatsachen Erstens, daß die Mecklenburgischen Katenleute und die freien Arbeiter auf dem Lande nach zuverlässigen Angaben ihre Habe mit 500 — 600 Rthl. gegen Feuersgefahr zu versichern pflegen; Zweitens, daß die ländlichen Arbeiter große Ersparnisse in die Sparkassen des Landes niedergelegt oder anderweitig ver= liehen haben oder gar so viel Vermögen aufbringen konnten, um ein eigenes Haus oder eine eigenthümliche Ackercompetenz

zu erwerben, erhellt, **daß die ländlichen Arbeiter in Mecklen-**
burg größtentheils ein vor Mangel bewahrtes Leben
führen und daß ihr Einkommen dasjenige vieler städtischer
Arbeiter und kleinen Handwerker sowie mancher An-
gestellten übersteigt.

12. Damit aber an Stelle der Erfahrung und Angaben Einzelner
größere Durchschnittsangaben über die Subsistenzmittel, über den Jahreslohn, über das Einkommen und über die sonstigen wirthschaftlichen
Verhältnisse der ländlichen Arbeiterklassen im ganzen Lande Mecklenburg
gewonnen werden, und um diese mit den Arbeiterverhältnissen in andern
Theilen des Deutschen Reiches vergleichen zu können, empfiehlt es sich,
daß die vom Ausschusse des Congresses Deutscher Landwirthe — Commission zur Prüfung der wirthschaftlichen
Lage ländlicher Arbeiterklassen — versandten Fragebogen
seitens der Districte des Mecklenburgischen Patriotischen Vereins und
seitens der einzelnen größeren und kleineren Landwirthe eingehende und
sorgfältige Beantwortung finden.

II. Liegt in diesen Verhältnissen ein Grund

    a. zur Unzufriedenheit der arbeitenden Klassen?

    b. zur Auswanderung?

    c. zum Arbeitermangel?

1. Eine Unzureichlichkeit des Einkommens der ländlichen Arbeiterklassen in Mecklenburg, welcher dieselben
durch Auswanderung sich entziehen müßten, liegt, Aus-
nahmefälle abgerechnet, nicht vor — im Gegentheil, ihr
Einkommen gewährt ihnen Ueberschüsse und damit Mittel
zur Auswanderung.

Am Schlusse des Jahres 1852 betrugen die gesammten Einlagen
bei der Plauer Sparkasse . . . . . . 57,330 ℳ 30 ß 10 ₰
Davon kommen auf die Stadt Plau mit ihren
Cämmereigütern . . . . 8,417 ℳ 12 ß — ₰

Die ländliche Bevölkerung eines circa 2
Meilen weiten Umkreises um Plau, der nicht
zu den bevorzugten Landstrichen Mecklenburgs
gehört, hatte eingelegt in die Plauer Sparkasse
am Schlusse des Jahres 1852 . . . . . 48,913 ℳ 18 ß 10 ₰

Am Schlusse des Jahres 1872 betrugen
die Einlagen aus jenem Umkreise . . . . 78,794 ℳ 16 ß 3 ₰
Dies ist in 20 Jahren eine Steigerung der
Einlagen um .   . . . . 29,880 ℳ 15 ß 5 ₰
oder um . . . . 61 %
Aus 20 ritterschaftlichen und Demanial=
pacht=Höfen betrugen die Einlagen bei der
Plauer Sparkasse am Schlusse des Jahres
1872 Seitens der dort wohnenden Arbeiter . 22,034 ℳ 45 ß 1 ₰
Diese Summe vertheilt sich auf 267 Einlagen.
Jede Einlage beträgt daher durchschnittlich . 82 ℳ 25 ß — ₰
Von 8 Höfen, die nicht zu den besten der
bei den Einlagen zur Plauer Sparkasse
betheiligten Gegend zählen, betrugen die Ein=
lagen Seitens der dort wohnenden Katenleute
und Dienstboten . . . . 13,358 ℳ 39 ß 11 ₰
Diese Summe vertheilt sich auf . . . . 130 Einlagen
und nach den Zählungslisten vom 1. December 1871
auf   . . . . . . 96 Haushaltungen
mit . . . . 553 Seelen
und beträgt für jede Haushaltung von . . . 5,76 Seelen
im Durchschnitt . . . . 139 ℳ 6 ß

Das den Haushaltungsvorständen und deren Familien gehörende
Inventar an Kleidung, Mobilien, Betten, Arbeitsgeschirr, Geräthen,
Leinenzeug und Vieh wird augenblicklich einen Werth von durchschnittlich
500 bis 600 Thlr. repräsentiren.

2. Wer von seinem Einkommen Ersparnisse machen und seinen
Haushalt in guter Ordnung erhalten kann, ohne zu darben, sollte ver=
ständigerweise so lange in seiner Lebensstellung verbleiben und so lange
die Kosten der Uebersiedelung nach einer neuen Arbeitsstelle scheuen,
bis er sicher weiß, daß ihm durch den Tausch Vortheile zufließen. Dies
ist bei der Uebersiedelung der Arbeiter in die Städte und nach Amerika
allzuhäufig nicht der Fall.

Freilich ist die in Silber oder Gold ausgedrückte Höhe
des Arbeitslohnes in den Städten und in anderen Ländern, besonders
in Amerika viel höher als in Mecklenburg auf dem Lande, aber der
reelle Lohn, d. i. die Summe der Lebensbedürfnisse und
Genußmittel, welche der Arbeiter sich und seiner Familie
für seinen Lohn verschaffen kann — dieser einzig richtige

Maßstab für die Belohnung der Arbeit — ist hier nicht selten größer als dort, wie folgendes lehrt.

Third Annual Report of the Bureau of Statistics of Labor, of Massachusetts 1872 — Dritter Jahresbericht des statistischen Arbeitsbureaus — ein 37 Druckbogen starkes Werk über die Lage der dortigen arbeitenden Klassen, zeigt in der „Review" S. 529 ff. durch die Resultate sorgfältiger Recherchen „that the average earnings of a majority of the skilled laborers in this State, do not reach the average cost of the necessities of life — daß der durchschnittliche Erwerb der Mehrzahl der geschickten Arbeiter dieses Staates nicht die durchschnittlichen Kosten des nothwendigsten Lebensunterhaltes deckt — und weiter: „We have no sufficient data from which to compute the average number of persons in a workman's family, and we have taken four (4) as that average, though thousands of families consist of a higher number.

To live within the average earnings of $ 611,00 a family of five (5) or six (6) persons must not consume more than the amount given in our average family of four (4). Now, from its impossibility, the children of the poor are taken away early from school, and brought into the labor market; — Wir haben nicht hinreichende Data, nach welchen wir die Durchschnittszahl einer Arbeiterfamilie ausrechnen können, und haben die Zahl 4 als Durchschnitt angenommen, obgleich tausende von Familien aus höherer Zahl bestehen.

Um von dem durchschnittlichen Erwerb von $ 611,00 leben zu können, muß eine Familie von 5 oder 6 Personen nicht mehr verbrauchen, als den Betrag, gegeben für unsere Durchschnittsfamilie von 4 Personen. Nun, durch diese Unmöglichkeit werden die Kinder der Armen früh aus der Schule genommen und auf den Arbeitsmarkt gebracht." Aus den Angaben über die Subsistenzmittel und die Löhne für Männer und Frauen geht weiter hervor, daß die Frau des Arbeiters über die Hälfte des Jahres mitarbeiten muß, damit die Familie überhaupt existiren kann.

Für ledigste Arbeiter, wenn sie zu den geschickten Leuten gehören, liegen dort die Verhältnisse günstiger als für Arbeiterfamilien; aber Charakter und Leistungsfähigkeit der dort in der Landwirthschaft verwendeten Arbeiter — ..who, however willing to work, are chiefly foreigners without any education; and wholly unaccustomed to our methods of farming — welche freilich willig zur Arbeit, gewöhnlich Fremde sind ohne jede Erziehung und vollkommen unbekannt mit unserer

Art zu arbeiten," — werden nicht in günstigem Lichte geschildert, und ihr Jahresverdienst bleibt weit zurück hinter dem durchschnittlichen Einkommen der übrigen Arbeiter; sie sind die geringst besoldeten im Staate. Dennoch wird behauptet, „daß der geringe Lohn dortiger Landarbeiter das gewöhnliche Maß der Verbesserung im Staate vermindert."

Ein Lohn, der für die nothwendigsten Subsistenzmittel nicht ausreicht, wird in Amerika, diesem Eldorado unserer Arbeiter, für ein großes Hinderniß ländlicher Operationen — great a check upon farm operations — gehalten! Sollen die Löhne für Landarbeiter drüben etwa noch weiter herabgedrückt werden? Sicherlich nicht! Das hieße „Sterben aus Mangel" — dies „gräßliche Loos" — für eine Nothwendigkeit erklären; aber um die landwirthschaftlichen Operationen wieder einträglich zu machen, bietet sich für Amerika in der Einwanderung ein billiges Mittel, und es liegt im Interesse der amerikanischen Farmer, weil die geschickteren Arbeiter sich dort der Industrie zuwenden, daß recht viele von den genügsamen und fleißigen Deutschen hinübergehen, um dem Amerikaner gegen einen Lohn zu dienen, der für die nothwendigen Subsistenzmittel der Arbeiterfamilie so wenig ausreicht, daß die Frauen der Arbeiter gezwungen sind, schwere landwirthschaftliche Arbeiten mit zu verrichten. Dies mögen unsere Mecklenburgischen Landarbeiter sich merken, bevor sie den auf unklare Vorstellungen über das in Amerika herrschende Verhältniß des baaren Betrages der Subsistenzmittel zum baaren Betrage des Einkommens berechneten Lockungen Gehör geben.

Wie dem nun auch sein mag, immer geht der Auswanderer einer unsicheren Zukunft entgegen und manches Lebensglück wird in der neuen Heimath, ja schon auf dem Wege dahin vernichtet.

3. Aber wenn eine Unzureichlichkeit des Einkommens der ländlichen Arbeiter nicht vorliegt, welche als zwingender Grund für dieselben angesehen werden müßte, ihre gesicherte Lebensstellung gegen eine andere zu vertauschen, so sind dennoch in der Lebensstellung der Mecklenburgischen ländlichen Arbeiterklassen Gründe vorhanden, welche zu ihrer Auswanderungslust beitragen mögen.

Solche Gründe, von denen der eine hier, der andere dort wirksam wird, mögen folgende sein:

a. Der baare Lohn des unverheiratheten Gesindes, also mit Ausschluß der freien Station und der Emolumente, so sehr derselbe auch im letzten Decennium dem Procentsatze nach gestiegen ist, gewährt nicht dieselben Ueberschüsse, wie vor 25 bis 30 Jahren,

weil viele nothwendigen Lebensbedürfnisse eine ungeahnte Preis=
steigerung erfahren haben und noch täglich erfahren. Dazu
kommt, daß die Pferdeknechte im Vergleich zu früheren Zeiten
einen großen erlaubten oder unerlaubten Nebenverdienst entbehren;
damals, als noch die langen Wagenzüge mit Getreide schwerfällig
auf Mecklenburgischen Landstraßen, bei wenig Chausseen, nach
den größeren Städten sich bewegten, ersparten die Knechte den
größten Theil ihres Reisegeldes und verkauften am Marktplatze
das zur Verpackung der Säcke mitgenommene Stroh mit Erlaubniß
oder ohne Erlaubniß. Um den Mißbrauch zu beseitigen, wurde
ihnen an vielen Orten dieser Verkauf untersagt, aber eine
Entschädigung dafür gewährt. Theils trieben die Knechte auch
unerlaubten Handel mit Heu und Häckerling, ja sogar mit Korn.
In Folge der verbesserten Communications= und Verkehrs=
verhältnisse und aus sonstigen wirthschaftlichen Gründen werden
Reisefuhren durch die Hofgespanne und das Vergnügen, welches
die Reisen gewähren, immer seltener und daher der Neben=
verdienst der Knechte geringer.

Wir dürfen uns also darüber nicht täuschen, daß der
reelle Lohn des unverheiratheten Gesindes in Mecklenburg
im Vergleich zu vergangenen Zeiten gefallen und daß der
Ueberschuß aus ihrem Einkommen heute geringer ist.

b. Dies hat zur Folge, daß es dem unverheiratheten Gesinde schwerer
wird, die Mittel zur Gründung eines eigenen Hausstandes zu
ersparen. Zugleich sind die Preise für Hausinventar, Arbeits=
geschirr und für den nöthigen Viehstand unvergleichlich höher als
vor 25—30 Jahren. Während früher vielleicht 100—150 Thlr.
zur Gründung eines solchen Hausstandes gehörten, sind jetzt,
selbst bei sparsamer Einrichtung, 250—300 Thlr. nöthig. Um
nicht mit großen Schulden zu beginnen, beschränkt sich die Nieder=
lassung der Knechte großentheils auf das s. g. Einheirathen,
d. h. der Knecht heirathet die Tochter eines älteren Tagelöhners,
tritt also in den Genuß des voll eingerichteten Katens, oder er
flüchtet in eine städtische Miethswohnung oder unterläßt die
Niederlassung in der Heimath ganz und bequemt sich zur Aus=
wanderung nach Amerika, wo derselbe in einigen Jahren ange=
strengter Thätigkeit und sparsamen Lebens viel leichter als hier
so viel erwerben zu können meint, um ein eigenes Heim sich zu
gründen.

e. Es wird den Katenleuten auf den Höfen nicht selten sehr schwer, ihrer Verpflichtung zur Haltung eines Hofgängers zu genügen, und es sind die Ansprüche dieser jüngeren Dienstboten auf höheren Lohn und bessere Haltung den Katenleuten so lästig, daß letzteren ihre Stellung dadurch oft verleidet wird.

Es ist dies nicht überall der Fall, denn auf einigen Höfen hält mancher Katenmann nicht einen, sondern zwei Hofgänger, entweder weil ihm dies vortheilhaft ist, oder weil seine Frau dadurch gänzlich von der Verpflichtung, Hülfe zu leisten, befreit wird, oder weil er nicht wünscht, daß seine erwachsenen Kinder bei anderen Leuten in Dienst treten.

Die Schwierigkeit, einen jüngeren Dienstboten als Hofgänger zu miethen und seinen Ansprüchen zu genügen, liegt eben einzig und allein darin, daß solche jungen Leute augenblicklich überhaupt schwer zu haben sind.

Die Haltung eines Hofgängers hat die Frauen der Arbeiter von der früheren auf dem Miethscontract beruhenden Verpflichtung, täglich schwere Arbeit zu verrichten, befreiet und gewährt den Katenleuten überhaupt nicht unbedeutende Nebenvortheile; daher ist es sehr wohl denkbar, daß ein Katenmann, dessen Frau jene Verpflichtung nicht wieder übernehmen will, und der zugleich die aus der Haltung des Hofgängers fließenden Vortheile entbehren soll, in die Stadt zieht oder zur Auswanderung schreitet.

Sicherem Vernehmen nach hat die Mehrzahl der schiedscommissarischen Regulirungen in Mecklenburg seit Jahren ihren Grund in den fortlaufenden Beschwerden der Tagelöhner über die Mittagszeit und über die Feierabendszeit. Wenn diese Beschwerden nun auch theilweise begründet gewesen sein mögen, so geht doch aus sorgfältigen Ermittelungen und aus den Bestimmungen einer großen Anzahl von Regulativen hervor, daß augenblicklich die gewöhnlichen Arbeitszeiten der ländlichen Tagelöhner, also nach Abzug der Essenszeiten und der Gänge zur Arbeit und von der Arbeit im Durchschnitt des ganzen Jahres im Großen und Ganzen kaum 10 Stunden überschreiten.

Dennoch haben viele Hoftagelöhner in Mecklenburg einer wirklichen Mußezeit, namentlich im Sommer, sich nicht zu erfreuen, weil nach Beschaffung der herrschaftlichen Arbeiten ihnen häusliche Arbeiten obliegen, zu deren Vollendung sie nicht blos die Mittag- und Abendstunden, sondern häufig den Sonntag und

Nachtzeiten zu Hülfe nehmen müssen. Leider wird das Aner=
bieten einer Freigebung von Wochentagen von den Arbeitern
selten angenommen, selbst da nicht, wo nach dem Miethscontracte
resp. nach dem Regulative den Katenleuten ein Recht darauf
zusteht.

Die Veranlassung zur Beschränkung der Mußezeit für die
ländlichen Arbeiter liegt nun einmal in dem unrichtigen Ver=
hältnisse zwischen dem baaren Lohne und dem Naturallohne und
zweitens in der Art und Weise, wie letzterer gewährt wird. Die
meisten Katenleute in Mecklenburg, so reichlich ihr Einkommen
auch berechnet werden muß, können aus ihrem baaren Lohne die
Kosten der anzukaufenden Lebensbedürfnisse nicht bestreiten, son=
dern müssen dazu Ueberschüsse aus ihrem Naturallohne verwenden.
Je mehr nun der Naturallohn den baaren Geldlohn übersteigt,
desto mehr Arbeit muß von den Arbeiterfamilien auf die Emo=
lumente verwandt werden, um von den daraus hervorgegangenen
Produkten verkaufen zu können, und desto mehr haben die
Arbeiter unter einem Uebermaß von Arbeit zu leiden. Diese Arbeit
wird gesteigert, wenn gewisse Emolumente, z. B. Holz, unzu=
reichend oder in schlechter Qualität, so daß die Arbeiter noch
Holz sammeln müssen, verabreicht wird, oder wenn die gewöhn=
liche Feuerung besonders aus Stämmen besteht, die schwierig zu
zerkleinern sind u. s. w. Uebrigens sind in Massachusetts nach
dem Berichte des dortigen statistischen Büreaus S. 31 ähnliche
Erscheinungen: anscheinend geringe Arbeitszeit, aber in Wahrheit
eine Ueberbürdung der für Lohn arbeitenden Klassen, weil ihre
Mußezeit von anderen Beschäftigungen in Anspruch genommen
wird — occupied in other employements and so the hours
of labor are not shortered thereby — wie es im Berichte
heißt.

e. Die Mehrzahl der mecklenburgischen Katenleute unterschätzt
den Werth ihres Naturaleinkommens und überschätzt
die Kaufkraft des Geldes.

Kommt dazu Unwirthschaftlichkeit und schlechtes Haushalten
mit dem Naturaleinkommen, dann ist eine, freilich selbst
verschuldete Unzufriedenheit der arbeitenden Klassen erklärlich.

f. Auch unterschätzen die Arbeiter häufig diejenigen Vortheile,
welche die Sicherheit des Jahresverdienstes beim Aus=
harren an einer und derselben Arbeitsstelle mit sich bringt.

Die Verpflichtung, Jahr aus Jahr ein einem und demselben Dienstherrn täglich Arbeit zu leisten, behagt nicht mehr. Die Arbeiter erleben eine größere Ungebundenheit in ihrer Lebensstellung oder wünschen diese wenigstens ihren Kindern zu bereiten — selbst auf die Gefahr hin, in dieser freieren Lebensstellung oder auf dem Wege dazu zeitweilig darben zu müssen. Diese größere Ungebundenheit finden sie schon als Miethseinwohner in Städten und Dörfern, und falls sie die Mittel dazu haben, durch die Erwerbung eines Grundeigenthums in der Stadt.

Sofern die Bevölkerung wünscht, dies Streben nach größerer Ungebundenheit durch Erwerbung eines ländlichen kleinen Grundeigenthums in der Nähe sicherer Arbeitsstellen zu erfüllen, bietet die agrarische Gesetzgebung in Mecklenburg größere Hindernisse, als in anderen Ländern.

g. Die mecklenburgische Regierung hatte in der Verordnung vom 30. Mai 1862 das wichtige Princip aufgestellt, daß die Heimath erst verloren wird, wenn der Erwerb einer neuen eingetreten ist. Ganz anders die Bundesgesetzgebung, welche den Verlust des Unterstützungswohnsitzes durch zweijährige Abwesenheit wieder eingeführt hat.

Diese Bestimmung läßt die ländlichen Arbeiterverhältnisse nicht unberührt, sie erleichtert in Verbindung mit dem Freizügigkeitsgesetze das Bestreben, unterstützungsbedürftige Tagelöhner oder Familien, die keines festen Gesundheitszustandes sich erfreuen, loszuwerden und die Armenlast den größeren Gemeinden oder den Städten aufzubürden. Während früher die älteren Arbeiter auf dem Lande, welche ihr Leben an einer und derselben Arbeitsstelle in angestrengter Thätigkeit verbracht hatten, factisch einer Pension sich erfreuten, indem ihnen gegen verhältnißmäßigen Lohn leichtere Arbeiten zugewiesen wurden, und indem sie nebenher und bei eintretender Arbeitsunfähigkeit manche Vortheile hatten, welche das Maß der gesetzlichen Pflicht des Gutsherrn zur Armenunterstützung weit überschritten, wird augenblicklich, wie die Erfahrung lehrt, durch Kündigung jene Ueblichkeit unterbrochen. Der Dienstherr kann sich in dieser Weise am leichtesten der moralischen Verpflichtung entziehen, in seinem Dienste verbrauchte Arbeitskräfte nicht darben zu lassen und unter allen Umständen wird die Armenunterstützung, sei es von Seiten des

ursprünglich Verpflichteten, sei es von Seiten des neu verpflichteten Armenverbandes auf das geringe Maß der gesetzlichen
Armenunterstützung beschränkt.

Jene Aussicht auf Altersversorgung war sonst als ein
Theil des Jahreslohns der Arbeiter aufzufassen. Hat der Arbeiter
nun aber die Aussicht, noch in späteren Lebensjahren die Arbeitsstelle wechseln zu müssen und damit die sonst übliche, wenn auch
mäßige Altersversorgung zu verlieren, dann ist der augenblicklich
an vielen Stellen gezahlte Lohn ungenügend, und es ist erklärlich,
daß der Arbeiter noch in den Jahren der Kraft sich dorthin
wendet, wo er so viel ersparen zu können meint, um im Alter
nicht darben oder von der Gnade Anderer leben zu müssen.

h. Obgleich die Patrimonial-Gerichte im ritterschaftlichen
Landestheile den dortigen Arbeitern geringere Kosten verursachen,
als die Niedergerichte im Domanium den dortigen Insassen und
als die Kreisgerichte in Preußen der dortigen ländlichen Bevölkerung, so leidet die Gerichtsverfassung im ritterschaftlichen Landestheile doch an dem Mangel, daß der Dienstherr des dortigen
Arbeiters zugleich sein Gerichts- und Polizeiherr ist. Freilich
wird die Verwaltung der Justiz- und Polizeiangelegenheiten
Seitens der Gerichtsherren besonderen Richtern übertragen und
größtentheils von diesen geübt, so daß der Vorwurf parteilichen
Verfahrens nicht zutreffen dürfte, dennoch erregt die Doppel-
stellung des Gutsherrn, einmal als Dienstherr und zweitens als
Gerichtsherr, häufig das Mißtrauen der Katenleute.

i. Die allgemeine Wehrpflicht und die seit dem Jahre 1866
längere Dienstzeit, die Furcht vor einem neuen großen
Kriege und die aus der allgemeinen Wehrpflicht und längeren
Dienstzeit den Arbeitern erwachsenden größeren Kosten, namentlich
die Einbuße am Jahresverdienste während der Dienst-
dauer bewegt viele lediglose Arbeiter und viele Familienväter,
sich selbst resp. auch ihre Kinder auf erlaubtem oder unerlaubtem
Wege dieser Verpflichtung zu entziehen. Es ist zu befürchten,
daß dies späterhin noch mehr der Fall sein wird, sobald die
ältere militairfreie Bevölkerung jüngeren Arbeitern, welche größtentheils zur Reserve und zur Landwehr verpflichtet sind, Platz
gemacht hat.

III. Sind sonstige Gründe vorhanden

a. zur Unzufriedenheit?

b. zur Auswanderung?

c. zum Arbeitermangel?

Die Unzufriedenheit der arbeitenden Klassen in Mecklenburg, deren Auswanderungslust und der in fast allen Gegenden notorisch herrschende Arbeitermangel wachsen fort und fort aus folgenden Gründen:

1. Das natürliche Streben der Bevölkerung eines Landes, dorthin sich zu wenden, wo sie höheren Lohn findet oder zu finden hofft, wird genährt durch phantastische Vorstellungen über das glückliche Loos, welches den Auswanderer in der neuen Heimath erwartet. Die Schilderungen der voraufgegangenen Freunde und Verwandten, wenn auch nicht von ihnen selbst verfaßt und nicht von ihrer Hand geschrieben, die Einsendung von Passage-Karten und von baarem Gelde, wenn auch nicht immer von den Angehörigen, sondern von deren Dienstherren stammend, und eine, um des schnöden Gewinnes willen, im Lande schleichende Ueberredung und Verleitung, wogegen die hohen Strafen für Contraventionen wider das Gesetz wirkungslos zu sein scheinen, haben allzu häufig den gewünschten Erfolg, lichten namentlich die Reihen der wohlhabenden Landbevölkerung und vermehren die Unzufriedenheit der einstweilen Zurückgebliebenen. Letzteren wird dazu die Verachtung vaterländischer Zustände von gewissenlosen Leuten, in der Presse, besonders um politischer Zwecke willen gelehrt, indem trübe, unwahre Schilderungen von der Lebensstellung der hiesigen Arbeiterbevölkerung verbreitet, dagegen die Verhältnisse in anderen Ländern mit möglichst günstigen Farben bei Verschweigung wichtiger widersprechender Momente geschildert werden.

2. Weil man im ritterschaftlichen Landestheile und in den Städten versäumt hat, rechtzeitig diejenigen Hindernisse zu beseitigen, welche dort einer den Wünschen der Bevölkerung entsprechenden Niederlassung im Wege standen, hat der geringe Zuwachs der Bevölkerung die durch Auswanderung entstandenen Lücken in den Reihen der Arbeitsfähigen nicht wieder ausfüllen können Die Ordnung der ländlichen Arbeiterverhältnisse im Großherzoglichen Domanium hat in dieser Beziehung schon seit lange eine für das ganze Land heilsame Gegenwirkung geübt, indem ein

Ueberschuß der Domanialbevölkerung, theils Knechte und Mägde, theils freie Arbeiter in den Städten und in der Ritterschaft arbeitete. Daraus erklärt sich auch der temporäre Stillstand resp. Rückgang der Bevölkerungs= ziffer im Domanium. Die geringe Auswanderung aus dem Domanium in überseeische Länder würde an und für sich ein Sinken der Gesammt= bevölkerung des Domaniums nicht zur Folge gehabt haben. Aber Arbeitermangel, an dem der eine Landestheil leidet, muß auch die anderen Landestheile in Mitleidenschaft ziehen.

Die gesetzlichen Erleichterungen des Umzuges haben neuerdings bewirkt, daß ländliche Arbeiter mehr als sonst vom Lande in die Städte gezogen sind, und daß junge Leute als Arbeiter sich dort niedergelassen und verheirathet haben. In den frei gewordenen Wohnungen auf dem Lande wurde jungen Leuten Niederlassung gewährt. Ein Zuwachs zur Bevölkerung ist dadurch hervorgerufen, aber dieser ist noch nicht arbeits= fähig und es leisten die verheiratheten Ehepaare augenblicklich für die nationale Arbeit weniger als früher, da sie noch Knechte und Mägde waren. Wenn nun auch viele Arbeiter von den Städten aus wieder auf dem Lande ihren Verdienst suchen, so leiden dennoch wegen der häufigen Wege zur Arbeit und von der Arbeit, die wenigstens eine Kraft= verschwendung sind, das nationale Arbeitsproduct und der Wohlstand des Arbeiterstandes; Familienleben und Sittlichkeitszustände leiden gleichfalls, wenn der Handarbeiter nicht in der Nähe seiner Arbeitsstelle Wohnung hat und eine schlechtere Ernährung häufigere Krankheiten, frühere Arbeitsunfähigkeit trifft den Arbeiter, wenn ihm versagt ist, wenigstens am Abend jeden Tages mit Leichtigkeit von der Arbeitsstelle an den eigenen Herd zurückzukehren.

3. Mit dem steigenden Wohlstande hat die ländliche Bevölkerung zwar an Arbeitsfähigkeit gewonnen, dagegen an Zufriedenheit und Arbeitslust eingebüßt. Die Zahl von Arbeitstagen, welche früher ausreichte, um eine ländliche Wirthschaft in ordentlichem Gange zu erhalten, genügt augenblicklich bei demselben Wirthschaftssystem nicht mehr. Die Leistungen einzelner Arbeiter oder die Gesammtleistungen aller Arbeiterfamilien sind, verglichen mit früheren Leistungen, geringer geworden — wenigstens leidet die Sorgfalt der Arbeit. Dazu kommt, daß die Arbeiter — Dienstboten, Katenleute, freie Arbeiter — in der Erfüllung mancher contractlichen Verpflichtungen sich oft säum= selig zeigen, daß die Dienstboten, namentlich in Zeiten dringender Arbeit allerlei Anlaß vom Zaun brechen, um ihre Entlassung zu erwirken, zu diesem Zwecke wohl gar schlechte Streiche ausüben, Krankheit simuliren,

Andere anreizen und jeder Ermahnung, mag diese noch so berechtigt sein, jedem Vorwurfe, mag dieser noch so milde ausgesprochen werden, beharrlich bis zur Widerwärtigkeit im Bewußtsein eben ihrer Unentbehrlichkeit die Forderung entgegenhalten, der Herr solle die Entlassung, Schein und Lohn gewähren, oder daß die freien Arbeiter, um hohen Lohn zu erzwingen, drohen, die Arbeit niederzulegen oder ohne Weiteres zurückbleiben und sich anderswo hinwenden, wo sie auf kurze Zeit einen Mehrverdienst finden. Der Versuch zum Bruch des Arbeitsvertrages ist in ländlichen Wirthschaften keine Seltenheit. So lange derselbe mit Erfolg nur von einem Einzelnen ausgeht, scheint für eine größere ländliche Wirthschaft darin keine Gefahr zu liegen. Sobald aber der Bruch des Arbeitsvertrages von vielen Arbeitern gleichzeitig verübt wird, sind Landwirthschaft und Volkswohlfahrt in größerer Gefahr als Industrie und Volkswohlfahrt, wenn die Industriearbeiter strifen. Arbeitermangel und Arbeitseinstellungen können nie und zu keiner Zeit für ein Fabrikgeschäft so traurige Folgen haben, als dies für die Landwirthschaft der Fall sein würde, wenn die Ernte auf dem Halme reif ist.

4. Mecklenburg stellt augenblicklich ein etwas größeres Militaircontingent als früher.

Dazu kommt folgende, für die Rekrutirung maßgebende Bestimmung der Reichs-Gesetzgebung:

„Wenn der Brigade-Bezirk oder der in dem betreffenden Staate oder Regierungsbezirk belegene Theil desselben nicht im Stande ist, das ihm der Seelenzahl nach auferlegte Ersatz-Contingent zu stellen, so hat das Generalkommando unter Kommunikation mit den Oberpräsidien ꝛc. die fehlenden Rekruten aus sämmtlichen Aushebungs-Bezirken der Provinz, beziehungsweise des Armeekorps-Bezirks nach dem Verhältniß der Bevölkerung event. nach Maßgabe der verfügbaren dienstpflichtigen Mannschaft ausheben zu lassen."

Nun ist die Ansicht laut geworden, daß Mecklenburg über sein Contingent hinaus sehr viele Rekruten habe stellen müssen, weil Schleswig-Holstein wegen der bedeutenden Auswanderung junger Leute sein Contingent nicht habe erfüllen können. Es muß dahin gestellt bleiben, ob dies begründet ist, und ob in solchem Falle demnächst ein Ausgleich erstrebt würde, so viel aber leuchtet ein, daß die Ackerbau treibende, und daher besonders diensttaugliche Bevölkerung, wie schon überhaupt in Folge der allgemeinen Wehrpflicht, so auch durch jene Rekrutirungsbestimmung der städtischen und der Industrie-Bevölkerung gegenüber im Nachtheil sich befindet.

5

5. Im Jahre 1868 betrug nach der Volkszählung
vom 3. December 1867 die Bevölkerung im Großherzogthum Mecklenburg-Schwerin . . . . . 560,668 Seelen
im Jahre 1871 nach der Volkszählung . . . . 557,707 „
in 3 Jahren hat die Bevölkerung abgenommen um 2,961 „
im Jahre 1865 betrug die Bevölkerung nach den
Martinilisten . . . . 551,966 „
in 6 Jahren hat also die Bevölkerung zugenom-
men, wenn die Angabe von 1865 als relativ richtig
angesehen werden kann, um . . . . 5,741 Seelen.

Wollte man in Ansehung dieser Zahlen einen schon jetzt drücken-
den Arbeitermangel bezweifeln und nur Befürchtungen für
die Zukunft zulassen, dann würde man übersehen, einmal, daß die
ländlichen Arbeiter das Hauptcontingent zur Auswanderung stellen;
zweitens, daß, wie eben gezeigt, das Verhältniß der Bevölkerungs-
ziffern in den verschiedenen Altersklassen sich verändert, obwohl dies
aus der absoluten Kopfzahl nicht ersichtlich, und daß diese Veränderung
augenblicklich ungünstig auf das nationale Arbeitsproduct wirkt; drittens, daß wie die Landwirthschaft auch andere Arbeitsgebiete, Industrie,
Eisenbahnen u. s. w. nicht bloß für neue, sondern auch für bestehende
Anlagen eine größere Arbeiterzahl erfordern als sonst, und daß in
einigen dieser letztgedachten Arbeitsgebiete zeitweise ein höherer Lohn
gezahlt werden kann als in der Landwirthschaft.

6. Die Eigenthümer resp. Nutznießer ritterschaftlicher und Domanial-
pacht-Höfe, welche die genügende Arbeiterzahl für den wirthschaftlichen
Betrieb im eigenen Dorfe nicht finden, beschäftigen, namentlich in der
Sommerzeit, Häusler und Einlieger aus den Domanialdörfern. Diese
Gelegenheit, Arbeitskräfte zu beschaffen, schwindet mehr und mehr, sofern
nach Vollendung der allgemeinen Vererbpachtungsmaßregel die bäuerlichen Wirthe größere Meliorationen ihrer Grundstücke vornehmen und
überhaupt ihre kleinen Wirthschaften energischer und intensiver betreiben.
Letzteres ist um so mehr zu erwarten, weil gewisse Bestimmungen über
die Verwendung des Domanial-Capitalfonds den Erbpächtern einen
wohlthätigen Credit eröffnen, wie Eigenthümer größerer Wirthschaften
auf dem Geldmarkte solchen nicht finden. Dazu kommt, daß die Einlieger und Häusler bei demselben Lohne lieber im heimathlichen Dorfe
als über Feld auf Arbeit gehen, und daß diese Einlieger und Häusler
der naturgemäße Ersatz sein werden für fehlende Dienstboten in bäuerlichen Wirthschaften.

7. Die stetig und so bedeutend überwiegende Zahl der Auswanderer aus dem ritterschaftlichen Landestheile kann nicht
daraus erklärt werden, daß die dortigen Einwohner der großen Mehrzahl nach zur Classe der Tagelöhner und Dienenden zählen, die leichter
zur Auswanderung neigen als andere Berufsstände, z. B. Grundbesitzer,
Angestellte und Handwerker, denn die Zahl der Arbeiter und Dienenden
aller Art nebst ihren Angehörigen ist in dem Großherzoglichen Domanium
nach den Zählungen der beiden Jahre 1867 und 1871 höher als die
entsprechende Zahl im ritterschaftlichen Landestheile.

Diese stetig und, man mag rechnen wie man will, nach der Gesammtvolkszahl der einzelnen Landestheile, oder nach dem Procentsatz
der Auswanderung aus den einzelnen Berufsklassen, bedauerlichst so
bedeutend überwiegende Auswanderung aus dem Gebiete der Mecklenburgischen Ritterschaft kann ebenso wenig daraus erklärt werden, daß
die Arbeiter sich dort eines größeren Einkommens erfreuten und deshalb
dort leichter die Mittel zur Auswanderung aufbringen könnten als im
Domanium. Mit demselben Rechte könnte man das Gegentheil
behaupten, bis genaue statistische Ermittelungen ein zutreffendes Urtheil
erlauben. Es läßt sich auch durchaus nicht annehmen, daß die Vermögensverhältnisse der Mecklenburgischen Tagelöhnerfamilien, deren
Einkommen im Jahre 1849 auf Grund vorliegender RegiminalActen
nach denselben Grundsätzen

in den ritterschaftlichen Gütern auf . . . 177 $\mathscr{M}$ 13 β
in den Domanial=Gütern auf . . . . . . 177 „ 41 „

Seitens des damaligen volkswirthschaftlichen Ausschusses berechnet wurde,
eine so sehr verschiedene Entwickelung genommen hätten. Ebenso wenig
läßt sich aus vorliegenden zuverlässigen Angaben über den Ursprung
von Sparcasseneinlagen ein Schluß ziehen, daß die Arbeiter aus ritterschaftlichen Gütern eines größeren Ueberschusses aus ihrem Einkommen
zur Einlage in die Sparkasse sich erfreut hätten, als Arbeiter derselben
Gegend aus Domanialgütern.

Dagegen läßt sich annehmen, daß die größere Umzugsfreiheit im Domanium, daß die dort dem Arbeiterstande
schon seit einem Vierteljahrhundert gewährte Erlaubniß,
ein Grundeigenthum zu erwerben, und daß die von großen
Opfern begleitete landesherrliche Fürsorge für dortige
Insassen aus dem Arbeiterstande die Heimathsliebe der
letzteren, die noch dazu der Zahl nach überwiegend Verwandte von dort wohnenden bäuerlichen Familien sind,
wesentlich gestärkt haben.

Während im Jahre 1867
die Zahl der Haushaltungen (a) von zwei und mehr Personen
im Demanium angegeben ist zu 38,425
die Zahl der Haushaltungen (b) einzeln lebender Personen zu 1,806

Summa 40,231
betrug die Zahl a im Jahre 1871 . . 39,303
die Zahl b im Jahre 1871 1,797

Summa 41,100
In vier Jahren ist also
die Zahl aller Haushaltungen im Demanium gestiegen um 869
die Zahl der Haushaltungen von zwei und mehr Personen um 878

In der Ritterschaft dagegen war 1867
die Zahl der Haushaltungen (a) 24,561
die Zahl der Haushaltungen (b) . . . 628

Summa 25,239
1871 dagegen betrug die Zahl (a) . . . 23,585
„   „   „   die Zahl (b) 628

Summa 24,213
Im Zeitraum von vier Jahren ist also die Zahl aller
Haushaltungen in der Ritterschaft gefallen um 1,046
die Zahl der Haushaltungen von zwei und mehr Personen um 976

IV. Wie gross ist die Auswanderung

    a. in überseeische Länder?

    b. in die grossen auswärtigen Städte?

    c. in die Landstädte?

1. Nachweise über die Auswanderung und über die
Bevölkerungsverhältnisse in Mecklenburg-Schwerin enthält
folgende Tabelle:

Zählungsjahr	Einwohnerzahl – männlich	Einwohnerzahl – Ritterschaft	Einwohnerzahl – Städte Summe	Einwohnerzahl – Summe	Uebersicht Geburten – Geboren excl. todtgeboren	Uebersicht – todtgeboren	Uebersicht – Gestorben	Uebersicht – Ueberschuss der Geborenen üb. d. Gestorbenen	Sollzahl der Einwohner	Sollzahl mehr	Sollzahl weniger	Anzahl der Auswanderer nach außereuropäischen Ländern	Ausw. überseeisch – Gesammtsumme	aus dem Deutschland	aus der Wirtschaft	aus den Städten	Darunter Summe männlich	dazu Häusler	Ritterschaft	Städte
1854	205623	146208	187106	538907	16691	5005	11686	—	543381	—	—	—	1412	504	1063	305	92	0	234	22
1855	206072	146340	188459	541091	16587	4565	12022	—	546656	2290	—	—	4486	1363	2613	510	309	4	743	36
1856	205520	145688	190851	542064	16660	5450	11210	—	547514	3592	—	—	6373	1914	3549	920	126	4	925	85
1857	204286	144221	190051	539258	16578	4368	12190	—	546619	8283	—	—	1766	559	946	261	126	1	236	25
1858	205008	145452	191553	542013	17485	5900	11485	—	548048	1471	—	—	890	299	458	133	57	0	100	8
1859	204949	145704	190742	541395	17238	2164	15074	—	543593	6653	3080	—	934	240	530	164	54	0	131	16
1860	206814	146194	194131	546639	17470	7418	10052	—	554057	—	—	409	1014	288	581	145	75	0	158	19
1861	206344	146459	195646	548449	16924	4220	12704	—	552669	5608	—	397	1651	542	948	161	128	0	256	15
1862	207105	146464	198192	551761	16509	5761	10748	—	557522	908	—	432	2618	723	1676	219	192	0	431	35
1863	206892	145788	199169	551844	17215	6129	11086	—	557973	5678	—	482	2906	701	1858	347	180	6	499	35
1864	206143	145625	200844	552612	17608	6275	11333	—	558887	5361	—	479	4825	1258	3146	421	292	7	827	49
1865	204850	144484	202613	551966	17907	4872	13535	—	556338	6921	—	331	4062	1286	2289	537	271	0	552	63
1866	204261	144701	204446	553428	18043	5844	12199	—	557272	2910	—	265	4512	1452	2522	538	334	11	616	61
1867	202540	143757	207587	553884	17540	5605	11935	—	559489	5388	—	—	4262	1496	2311	455	311	4	558	57
1868	205007	144406	207165	560668	17266	4755	12511	—	565423	—	1129	—	3929	1255	2263	411	303	3	577	55
1869	—	—	—	—	17651	6220	11431	—	571643	—	—	—	2682	737	1631	314	177	—	376	38
1870	—	—	—	—	18148	5894	12254	—	577537	—	—	—	3215	1129	1744	342	—	—	—	—
1871	202464	142661	212882	557707	17078	4097	12981	—	581634	19830	—	2855	5742	15736	30048	6183	—	—	—	—

Darnach beträgt die Abnahme der Gesammtbevölkerung sowie die Abnahme resp. Zunahme der Bevölkerung in den einzelnen Landes-theilen vom 3. December 1867 bis zum 1. December 1871

im Domanium	—	2,843
in der Ritterschaft	—	5,835
in den Städten	+	5,717
im ganzen Lande	—	2,961 Seelen.

Durch inländische concessionirte Auswanderungs-agenten sind im Zeitraum von 17 Jahren nämlich von 1855 bis 1871 incl. nach überseeischen Ländern befördert:

aus dem Domanium	15,736
aus der Ritterschaft	30,048
aus den Städten	6,183
aus dem ganzen Lande	51,967 Personen.

Im Jahre 1872 sind durch 76 concessionirte Agenten befördert aus allen Landestheilen . . 5,742

in den 18 Jahren 1855—1872 incl. 57,709
oder durchschnittlich per Jahr . . . 3,206 Personen.

2. Die Angaben über die Auswanderung aus Mecklenburg-Schwerin nach überseeischen Ländern aus dem Jahre 1854 und aus rückwärts liegenden Jahren entbehren der für statistische Angaben erforderlichen Zuverläßigkeit.

Wollte man die an der Sollzahl fehlende Bevölkerung als den Ueberschuß der Ausgewanderten betrachten, dann wären aus Mecklen-burg-Schwerin von 1855 bis 1871 incl. weggegangen:

70,634 Personen,

worin die nach europäischen Ländern, sowie die ohne Consens Aus-gewanderten mit inbegriffen wären.

Die Einwohnerzahl eines Jahres und der Ueberschuß der Geborenen über die Gestorbenen desselben Jahres geben zusammen die Sollzahl des nächsten Jahres, aber aus der Vergleichung der Einwohnerzahl, welche vorhanden sein müßte — Sollzahl — mit dem Resultat der Zählung — Istzahl — kann wegen der zufällig und nur vorüber-gehend An- und Abwesenden ein zutreffender Schluß auf die Zahl der Ausgewanderten nicht gezogen werden. Dazu kommt, daß im Laufe der Zeit bei den Zählungen nach verschiedenen Grundsätzen verfahren ist. Das Jahr 1860 und die Volkszählung von 1867 ergeben denn auch einen bedeutenden Ueberschuß der Istzahl gegen die Sollzahl, eine Erscheinung, die nicht durch Einwanderung zum Zwecke der Nieder-lassung erklärt werden kann.

Am Unzuverlässigsten sind Zeitungsnachrichten über die Aus=
wanderungsbewegung und wenig zuverlässiger dürften die Berichte aus
den Einwanderungshäfen Amerika's sein, denn jeder Einwanderer, aus
welchem Theile des nördlichen Deutschlands er auch kommen möge, kann
sich als Mecklenburger geriren und thut dies vielleicht, wenn er einen
Vortheil dabei ersieht. So soll nach Bekanntmachung der amerikanischen
Einwanderungs=Aufsichts=Behörden im Jahre 1872

7950—7960 Personen

aus Mecklenburg dort eingewandert sein. Wenn diese Zahl auch die aus=
gewanderten Strelitzer mit enthält, so dürfte sie dennoch zu hoch gegriffen sein.

3. Die Statistik beschränkt sich daher augenblicklich auf eine möglichst
genaue Constatirung der aus den Einschiffungshäfen beförderten Auswanderer.

Dagegen sollen nach dem Beschlusse des Bundesrathes vom 17.
December 1871 zuerst für das Jahr 1872 und sodann alljährlich
Uebersichten über die Erwerbung und den Verlust der Bundes= und
Staatsangehörigkeit aufgestellt werden.

Die im betreffenden Commissionsberichte vom 18. August 1871
vorgeschlagenen Erhebungsformulare enthalten:

1. Aufnahmeurkunden an Angehörige eines anderen Bundesstaates.
2. Urkunden über die Wiederverleihung der Bundes= und Staats=
   angehörigkeit — besonders von Werth für solche früher dem
   Deutschen Reiche angehörende Personen, welche, in Rußland
   wohnend, der dortigen Militärpflicht sich entziehen wollen;
3. Naturalisationsurkunden;
4. Entlassungsurkunden.

In der Zeit vom 1. October 1871 bis 1. October 1872 sind
Zwecks Auswanderung nach Amerika 5868 Personen aus dem diesseitigen
Unterthanenverbande entlassen worden. Davon kommen reichlich ⅗ auf
die Ritterschaft, die übrigen ⅖ auf Domanium und Städte.

Im Jahre 1872 sind 2680 Entlassungsurkunden an 1226 Familien
und 1454 einzelne Personen ertheilt. Die Zahl der Personen, auf welche
die Entlassungsurkunden sich erstrecken, waren nach Alter und Geschlecht:

Unter 10 Jahren	10 bis unter 17 Jahren	17 bis unter 25 Jahren	25 bis unter 50 Jahren	50 Jahr u. dar= über alt		Summa
847	312	477	1129	292	männlich	3057 Pers.
824	285	576	1013	334	weiblich	3032 „
1671	597	1053	2142	626	Summa	6089 Pers.

Die Entlassungsurkunden sind ausgestellt nach
Bundesstaaten:

	für	
	Männliche	Weibliche
Königreich Preußen	—	1
Herzogthum Sachsen-Coburg-Gotha .	—	1
Auswärtigen Staaten:		
Dänemark	2	—
Großbritannien	1	—
Oesterreich	1	—
Schweden	1	—
Vereinigte Staaten von Nord-Amerika	3013	3016
Uebrige außerdeutsche Staaten . . .	9	14
	3057	3032 Pers.

4. Was speciell die Auswanderung des Jahres 1872
betrifft, so ist es höchst interessant, daß durch die Agenten
derjenigen Städte, in denen nur ein Agent concessionirt
ist, die wenigsten Auswanderer befördert sind, es fallen
nämlich auf jeden dieser Agenten durchschnittlich 40 Auswanderer, während in den Städten, wo 2 und mehr Agenten
concessionirt sind, von jedem einzelnen Agenten über die
doppelte Anzahl, nämlich 81—82 Auswanderer befördert
sind, und es gewinnt den Anschein, **als ob in Folge Vermehrung der Agentenzahl die Auswanderung steigt.**

5. Berechnet man den einfachen Durchschnitt der Einwohnerzahl
von 1854—1871 in den verschiedenen politischen Kreisen des Landes,
indem man für die Jahre, in denen Volkszählungen nicht stattgefunden
haben, theils die Bevölkerungsziffer der früheren, theils die Bevölkerungsziffer der späteren Volkszählung einschiebt, dann beträgt die durchschnittliche Bevölkerung

im Domanium . . 205014 Seelen
in der Ritterschaft . 145574 =
in den Städten . . 198976 =

Nun sind in demselben Zeitraume durchschnittlich 926 Seelen
jährlich aus dem Domanium mit Consens ausgewandert, dies macht 1
von 221 Personen; aus der Ritterschaft sind durchschnittlich jährlich mit
Consens ausgewandert 1768 Seelen, dies macht 1 von 82 Personen;
aus den Städten sind durchschnittlich jährlich mit Consens ausgewandert
364, dies macht 1 von 547 Personen.

6. Von den durch concessionirte Agenten nach überseeischen Plätzen
beförderten Auswanderern, über 14 Jahre alt, männlichen Geschlechts,

waren Tagelöhner, Dienstboten und sonstige gewöhnliche
Arbeiter in den Jahren 1855—1870 incl.

$$\left.\begin{array}{l}\text{aus dem Domanium } 3327 = 1 : 987 \\ \text{aus der Ritterschaft } 7219 = 1 : 323 \\ \text{aus den Städten } 619 = 1 : 5140\end{array}\right\} \begin{array}{l}\text{der}\\\text{Einwohnerzahl.}\end{array}$$

Verschwindend klein ist die Anzahl der ausgewanderten
Häusler, d. i. der grundbesitzenden Arbeiter.

7. Außerdem wandern viele Mecklenburger ohne Consens aus,
auch junge Militairpflichtige, und dies gelingt Jedem, der nur
die höheren Kosten daran wenden will, glaubwürdigen Nachrichten zufolge,
mittelst der indirecten Linien von Hamburg via England, auf denen
im Jahre 1872 incl. der Touristen 21183 Personen befördert sein sollen,
während auf den direc en Linien incl. der Touristen 53223 Personen
expedirt wurden.

8. Laufende statistische Angaben über die Zahl der in den Städten
Geborenen, welche zeitweise auf dem Lande arbeiten und dienen, über
die Zahl der auf dem Lande Geborenen, welche in den kleineren und
größeren Städten des Landes und in den großen Städten Hamburg
und Berlin zeitweise arbeiten und dienen — der Andrang, namentlich nach
Hamburg und Lübeck, ist ungemein stark und jährlich steigend —
über die Zahl derer, welche zeitweilig in benachbarten Kreisen und umgekehrt von dort hier Arbeit suchen, fehlen, so werthvoll zuverlässige Angaben
über diese Seite der Volksvertheilung neben Kenntniß der Löhne und der
Arbeitsleistungen für die landwirthschaftliche Productionsbewegung sind.

9. Wenn Mecklenburg = Schwerin durch die Auswanderung auch
besonders empfindlich berührt wird, so werden doch andere Kreise des
deutschen Reiches kaum minder davon betroffen, so namentlich Pommern,
wie überhaupt die östlichen Provinzen des preußischen Staates. Mit
der Abnahme der Gesammtbevölkerung resp. der ländlichen Bevölkerung
in Mecklenburg = Schwerin correspondirt eine Abnahme der Gesammtbevölkerung im Großherzogthum Mecklenburg-Strelitz, im Großherzogthum
Oldenburg, im Fürstenthum Schwarzburg=Sondershausen, im Fürstenthum Waldeck und in der Provinz Pommern eine Abnahme der ländlichen Bevölkerung in den Provinzen Nassau, Hannover und im Herzogthum Lauenburg, ferner in 21 Kreisen der Provinz Westphalen, in 34
Kreisen der Rheinprovinz, in 17 Kreisen der Provinz Sachsen, in 26
Kreisen der Provinz Schlesien, in 6 Kreisen der Provinz Posen, in 17
Kreisen der Provinz Brandenburg, in 18 Kreisen der Provinz Preußen,
in 10 Kreisen der Provinz Schleswig=Holstein und in 21 Kreisen der
Provinz Pommern.

V. Auf welchem Wege ist Ersatz für fehlende Arbeitskräfte zu beschaffen?

1. Zur Beschaffung eines Ersatzes für fehlende Arbeitskräfte sind folgende Mittel denkbar:

a. Abschluß von Miethsverträgen mit Arbeitern aus anderen Gegenden des deutschen Reiches auf die Dauer der Erntezeit oder auf einen längeren Zeitraum;

Abschluß von Miethsverträgen mit unverheirathetem männlichen und weiblichen Gesinde, ebendaher und aus außerdeutschen Ländern auf die Dauer von mindestens 1 Jahr und gewünschten Falles Gewährung und Erleichterung ihrer Niederlassung;

Abschluß von Miethsverträgen mit Arbeiterfamilien ebendaher, welche in Mecklenburg die Staatsangehörigkeit erwerben wollen.

b. Herbeiziehung von Arbeitern aus anderen Berufszweigen zur Aushülfe in der Landwirthschaft;

Erlaubniß für die Regiments-Commandeure, mehr als sonst die unter der Fahne stehenden Mannschaften zu landwirthschaftlichen Arbeiten, namentlich in dringender Erntezeit entlassen zu dürfen;

Entlassung der zu Zeiten entbehrlichen Eisenbahnarbeiter zu Arbeiten auf den an der Bahn gelegenen Gütern, wogegen die Besitzer der letzteren sich verpflichten, der Eisenbahnverwaltung als Gegenleistung in dringenden Fällen, z. B. bei Schneewehen, Mannschaften zu stellen;

c. Anwendung von Maschinen in vermehrter Zahl, namentlich von Mähmaschinen und von Dampfdreschmaschinen;

d. Begünstigung der Rückwanderung nach Amerika ausgewanderter Mecklenburger;

Beförderung und Erleichterung der Niederlassung Eingeborener auf Höfen und in Dörfern;

Colonisation im ganzen Lande, um den kleinen Grundbesitz und namentlich um die Grundbesitzerstellen für ländliche Arbeiter zu vermehren.

Nun wird sich immer mehr herausstellen, daß die Einwanderung auf Zeit oder zum Zwecke der Niederlassung aus anderen pretestantischen Ländern und Provinzen, z. B. aus Schweden und aus den östlichen Provinzen des preußischen Staates, ein Hinderniß findet, einmal in den großen Kosten der Uebersiedelung, die auf den Arbeitgeber fallen, zweitens in dem Mangel an Zuverlässigkeit und Arbeitstüchtigkeit vieler Eingewanderter, und drittens in der Auswanderung nach Amerika, welche auch dort, in Schweden und in den östlichen Provinzen Preußens neuerdings eine bedeutende Ausdehnung genommen hat. Auf den Westen Deutschlands ist nicht zu rechnen, denn dort werden unverhältnißmäßig höhere Löhne gezahlt, als in Mecklenburg, und der Wanderzug geht nun einmal von Osten nach Westen. Die Einwanderung einer katholischen Bevölkerung hat ihre großen Bedenken. Die Heranziehung von Arbeitern aus anderen Berufszweigen, ferner der Soldaten und Eisenbahnarbeiter bietet ebensowenig, wie die vermehrte Anwendung der Maschinen bei weiter sinkender Bevölkerung eine genügende und dauernde Aushülfe; ein größerer Zufluß nach dieser Richtung hin würde erst eintreten, wenn durch ein Steigen der Bevölkerung die eine der nothwendigen Bedingungen erfüllt sein würde, um mit Erfolg die Landwirthschaft mehr und mehr mit der Industrie zu verbinden oder darauf zu basiren, so daß Industriearbeiter zu Zeiten der Landwirthschaft dienen und umgekehrt die ländlichen Arbeiter der Industrie. Die Rückwanderung aus Amerika, immerhin mit Vorsicht zu versuchen, dürfte von zweifelhaftem Erfolge sein, denn brauchbare Kräfte, welche in schwerer Arbeit und Entsagung dort ihr Glück machten, kehren nicht wieder, und die unbrauchbaren, dort schon fast verkommenen Leute können wir ebensowenig gebrauchen als Amerika; nur denjenigen Mecklenburgern, die noch nicht lange drüben sind, sollte man ausnahmsweise die Mittel zur Rückkehr gewähren. So bleibt nur übrig, die erleichterte Niederlassung auf den Höfen und in den Dörfern und die innere Colonisation, wenn wir anders die Zukunft unseres Vaterlandes sicher stellen wollen, und falls man nicht vieler Orten vorziehen sollte, die jetzt üblichen Wirthschaftssysteme zu verlassen, den Kornbau einzuschränken, der Viehzucht einen erweiterten Platz im Wirthschaftssysteme einzuräumen oder auf entlegenen Theilen der Feldmarken Holzcultur zu treiben.

2. Die Niederlassung junger Leute auf den Höfen und in Dörfern kann dadurch befördert werden, daß Besitzer oder Pächter oder Dorfgemeinden denselben die augenblicklich fehlenden Mittel zur Einrichtung des Hausstandes in einer baaren Geldsumme und in Kartoffelland, Gartenland, Leinland, Holz u. s. w. für den Winterbedarf gegen geringe Zinsen oder zinsenlos vorstrecken. Die baare Anleihe muß eine Reihe von Jahren unkündbar sein und dann nur ratenweise zurück-

gefordert werden können, während die Anleihe in Naturalien von den Katenleuten nicht zurückgegeben wird, sondern dem Darleiher erst beim Wegzug der Arbeiterfamilie wieder zufällt. Dadurch wird nur empfohlen, ein aus Güte gegen verdientes Gesinde längst geübtes Verfahren mehr und mehr unter angemessenen Bedingungen zum Princip zu erheben.

3 Es hat sich in neuerer Zeit die richtige Meinung gebildet, daß durch die Schaffung eines freien grundbesitzenden Arbeiter= standes die ländliche Arbeiterfrage ihrer Lösung ein gut Stück näher gerückt werde, und man wird nicht Unrecht haben, wenn man meint, daß zugleich die Auswanderungslust, und daß der dadurch entstehende Arbeitermangel abnehmen wird, sobald dem Arbeiter die Möglich= keit gegeben wird, da, wo es ihm paßt, und dies wird vor= zugsweise in der Nähe seiner Heimath sein, ein Grundeigenthum zu erwerben.

Sollte dies gelingen, und kann somit der Arbeiter in der Heimath finden, was er jenseits des Oceans sucht, dann wird der Einfluß abge= schwächt, den die gefährlichste aller überseeischen Lockungen auf die Bevölkerungsziffer des Deutschen Reiches ausübt. Es ist dies diejenige Lockung, welche dem strebsamen Deutschen Land in fruchtbaren Gegenden mit mächtigen Wäldern und fetten Weidegründen, an neu entstehenden Eisenbahnen gelegen, umsonst oder für eine Kleinigkeit verheißt, diejenige Lockung, auf welche die Leichtgläubigen, denen erst an ihrem neuen Bestimmungsorte der Schleier gelüftet wird, so leicht hineinfallen. Gelingt es, die Wirkung dieser Lockung abzuschwächen, dann wird aber nicht blos die Zufriedenheit, sondern auch der Wohlstand der zahlreichsten Klasse unserer Bevölkerung zunehmen, denn durch die Selbst= verantwortlichkeit steigt auch die Wirthschaftlichkeit im Volke.

Ueber die Mittel und Wege, den kleinen Grundbesitz und damit die Zahl der grundbesitzenden Arbeiter zu vermehren, welche voraus= sichtlich von der Auswanderung abziehen, gehen die Ansichten auseinander.

Die Einen meinen, es bedürfe nur der unbeschränkten Theilbarkeit des Grund und Bodens, alles Andere würde sich dann nach dem Gesetze von Angebot und Nachfrage von selbst ergeben. Nun lehrt aber die Erfahrung, daß die bloße Erlaubniß der Theilbarkeit des Grund und Bodens unter Lebenden und auf den Todesfall keines= wegs genügt, um den gewünschten Zweck in angemessener Weise erfüllt zu sehen. So sind im preußischen Staate bei freier Theilbarkeit des Grund und Bodens seit dem Jahre 1816 bis 1859 nach den amtlichen statistischen Notizen 9873 spannfähige bäuerliche Nahrungen eingegangen. In der neuesten 10jährigen Periode hat die Zahl der bäuerlichen spann= fähigen Nahrungen sich wieder gehoben, aber ihre ursprüngliche Zahl im Jahre 1816 ist noch nicht wieder erreicht. Also trotz freier Theilbarkeit des Grund und Bodens im Königreich Preußen eine Verminderung der bäuerlichen spannfähigen Nahrungen. Ebensowenig ist bei freier Theil= barkeit in Preußen eine genügende Anzahl grundbesitzender Arbeiter entstanden, die im Lande bleiben und mit ihrer Descendenz der nationalen Arbeit dienen. Hauptsächlich lebt auch dort eine bewegliche Mieths= bevölkerung, weniger der grundbesitzende Arbeiter mit Heimathsliebe und Opferwilligkeit.

Andere meinen, es sei Aufgabe des Staates hier einzu= treten, Grund und Boden des Staates soll hergegeben werden, um kleinen Grundbesitz, namentlich um grund= besitzende Arbeiter zu schaffen; und die Vertheidiger dieser Ansicht führen für dieselbe an, daß hier ein öffentliches Interesse vorliege. Aber weniger das öffentliche als vielmehr das Privatinteresse ist hier verwiegend, und da die Parcelirung von Staatsgütern, um Arbeitercolonien anzulegen oder um Dorfschaften mit kleinen bäuerlichen Wirthschaften aufzurichten, worin der grundbesitzende ländliche Arbeiter Platz findet, Kosten macht, kann diese Operation nur richtig sein, wenn es sich darum handelt, für die vom Staate in großen Complexen verwalteten Güter das Bedürfniß nach Arbeitern zu befriedigen. Dagegen kann es nicht die Aufgabe des Staates sein, und es kann unserer Ueberzeugung nach nicht vom Staate verlangt werden, daß derselbe das **Princip** adoptire, seinen einträglichen Grundbesitz zu zerschlagen, um den Privatbesitzern eine genügende Anzahl grundbesitzender Arbeiter als Ersatz für fehlende Arbeitskräfte zu schaffen.

Soweit gehen unsere Ansprüche an den Staat in der Arbeiter= frage nicht. Das wäre **Staatshülfe in optima forma!** Man denke nur die Consequenzen eines solchen Verfahrens durch. Alle Kosten der Colonisation würden dem Staate aufgewälzt, dem Grundbesitzer würde aber das Bestreben erleichtert werden, die Sorge für verbrauchte Arbeits= kräfte nicht selbst zu tragen, und in kurzer Zeit würden die Dorf= gemeinden unter einer Armenversorgungslast seufzen, wie solche den großen Städten schon in der kurzen Spanne Zeit nach Einführung der jetzigen Ordnung der Dinge in Bezug auf Freizügigkeit recht drückend geworden ist und für die Dauer unerschwinglich und unerträglich werden muß. Diese Gefahr ist schon jetzt in Mecklenburg für die Dorfgemeinden groß genug, weil dort der Vermehrung von Miethswohnungen keine wesentlichen Beschränkungen entgegenstehen und diese Gefahr sollte für das Großherzogl. Domanium nicht noch vermehrt werden, bevor den Gemeinden mehr als jetzt gewisse Garantieen wegen der Armenversorgung geboten sind.

Für die Ansiedlung freier, grundbesitzender Arbeiter müssen die Besitzer privaten Grund und Bodens mitwirken, und es kann nur Aufgabe des Staates sein, entgegenstehende Schwierigkeiten zu beseitigen.

Wieder Andere haben den Vorschlag gemacht, den Tagelöhnern auf den Gütern ihre jetzigen Miethswohnungen nebst Garten und Hofplatz zum Eigenthum zu überlassen, um dieselben so mit einem Schlage zu freien Eigenthümern zu machen. Dieser Vorschlag ist nicht neu, sondern stammt schon aus dem Jahre 1848; von Thünen bemerkte dazu: „Die Idee, den Tagelöhnern auf den Gütern ihre Wohnung eigenthümlich zu übergeben, ist ja wohl aufgegeben. Dies hieße zwischen zwei vielleicht feindselig gegeneinander gesinnten Personen, die in steter Berührung mit einander bleiben, eine unlösliche Ehe schließen!" — —

Die Befolgung dieses so wie des ähnlichen Vorschlages, die freien Arbeiter an die Grenze der Güter zu verlegen, ist für den Gutsbesitzer schlechterdings unthunlich, so lange die einzelne Parcele oder die Colonie in ununterbrochenem Verbande mit dem Gute verbleibt, und dies um so mehr, wenn von dem angehenden Parcelenbesitzer gefordert würde, Miethswohnungen in beliebiger Zahl anlegen zu dürfen. Die Erfahrung bestätigt dies, denn die Verordnung, betreffend die Errichtung von Erbzinsstellen auf ritterschaftlichen Gütern vom 20. Mai 1868 ist ohne Erfolg geblieben, obgleich dadurch eine Anzahl früher entgegenstehender Schwierigkeiten aufgehoben wurde. Selbst wenn es gelingen sollte, weitere hier entgegenstehende Schwierigkeiten z. B. durch Vereinbarung einer zweckmäßigen Gemeindeordnung im ritterschaftlichen Landestheile zu beseitigen, namentlich durch die Uebertragung gewisser Kosten der Armenpflege, welche einer einzelnen Gemeinde oder Ortschaft erwachsen sind, auf die sämmtlichen Gemeinden und Ortschaften eines größeren Bezirkes, so hätten doch die einzelnen Gutsbesitzer, welche noch dazu vielleicht Opfer zur Durchführung der vorgeschlagenen Maßregeln gebracht haben, keine Garantie, daß sie auf irgend welche Arbeitskräfte bei irgend welchem Lohne mit Sicherheit rechnen können, und auf der anderen Seite sind die Parcelenbesitzer, deren Grundstücke doch nicht von vorn herein schuldenfrei gedacht werden können und jedenfalls in Folge von Erb- und Verkaufsfällen solches nicht mehr sein werden, vor Kün-

digungen ihrer Kapitalschulden gesichert, wie denn auch erfahrungs-
mäßig die Ansiedlung auf Häuslerstellen durch die Furcht vor Kapital-
kündigungen gehindert wird.

Hier ist folgender Vorschlag von Rodbertus höchst beachtenswerth:
„Die Freiheit des Grundeigenthums ist noch weiter dahin
auszudehnen, daß den Grundbesitzern wieder gestattet wird,
freieigenthümliche Hofstellen anzusetzen, deren Käufer die Verpflichtung übernehmen, davon eine bestimmte Anzahl von Arbeitstagen an ein bestimmtes Gut durch beliebige Dienstboten zu
leisten.

Nur so werden große Güter und namentlich die nord-
deutschen Latifundien nutzbarer gemacht und wird der Strom
der uns so nachtheiligen Auswanderung gehemmt. Anderer
Seits greift jeder Dienstbotencontract, der Jahre lang die Dienste
von einer bestimmten Person stipulirt, mehr in die persönliche
Freiheit ein, als solche Verpflichtung thun würde."

Weil nach der Lehre vom Rentenprincip ländliche Grundstücke nicht
als Capitalien, sondern als Rentenfonds behandelt und daher nicht nach
Capital, sondern nur nach Rente verkauft, vererbt und verschuldet werden
sollen, würde auch die Ablösung der auf Grundstücke gelegten Dienste
nur in Rentenbriefen geschehen dürfen. Der gegen die Auflegung von
Diensten auf Grundstücke erhobene Vorwurf, daß somit Robot oder
Leibeigenschaft wieder eingeführt wird, trifft um deswillen nicht zu, weil
der Robot durch die eigene Person geleistet wurde, hier aber die
Leistung durch irgend beliebige Dienstboten gefordert wird.
Die Freiheit der Person leidet dadurch weniger, als durch die heute
üblichen Miethscontracte, im Gegentheil, die Freiheit der Person wird
nach dem Vorschlage von Rodbertus höher gestellt als die Freiheit des
Grundeigenthums. Freilich würde der Besitzer einer mit Rente und
Diensten belasteten Colonistenstelle sehr bald wieder in ein Abhängigkeits-
verhältniß zu irgend einem Gutsherrn treten müssen, wenn nicht neben
den Colonistenstellen größere Büdner- oder Bauerstellen vorhanden sind,
resp. geschaffen werden, deren Inhaber das Bedürfniß der Colonisten
nach Kartoffelland, Leinland, Weide, Fuhren befriedigen können. Aber
dies würde dann nur diejenigen Colonistendörfer treffen, in denen das
Besitzthum der Einzelnen ausnahmslos so klein ist, daß sie alle im
Stande der Lohnarbeiter verbleiben müssen.

Während nun in Preußen nach dem Gesetze vom 2. März 1850
keine Dienste mehr auf Grundbesitz gelegt werden dürfen, ist in Mecklenburg-Schwerin die Auflegung von Diensten auf Grundstücke erlaubt

im ritterschaftlichen Landestheile ausdrücklich nach § 6 der revidirten Hypothekenordnung vom 18. October 1848, welcher bestimmt, daß die Gutsbeschreibung eröffnet ist für diejenigen Dienstbarkeiten römischen und deutschen Rechts, welche auf dem Gute ruhen oder auf dasselbe gelegt werden. Im Großherzogl. Demanium gelten von Gesetzes wegen nach § 5, 1. der Demanial-Hypothekenordnung als in die erste Abtheilung der Hypothekenbücher eingetragen alle „Leistungen", welche durch den Grundbrief (einschließlich der etwanigen späteren Zusätze und Abänderungen) begründet oder anerkannt sind, und nach der Circular-Verordnung vom 14. November 1868 erlöschen von selbst für die jetzigen Häuslereien im Demanium die grundbrieflichen Beschränkungen in der Auflegung von Realdienstbarkeiten, sobald Recognition und Canon an die Grundherrschaft durch Capitalzahlung abgelöst sind.

In dieser Beziehung gewährt also die Mecklenburgische Gesetzgebung die unter der Herrschaft des Capitalprincips denkbarste Erleichterung.

Ferner ist durch die Verordnung vom 20. Mai 1868 auch dem Besitzer des kleinsten Gutes erlaubt, 2 pCt. des Gutsareals zu Erbzinsstellen wegzugeben; dabei ist der lehnsherrliche Consens, außer in dem Falle, wenn das Gut zum Heimfalle steht, nicht weiter erforderlich, und es bedarf des agnatischen Consenses überall nicht; die Errichtung von Erbzinsstellen in Fideicommißgütern ist nur ausgeschlossen, wenn sie durch die Stiftungsacte speciell untersagt ist; den Erbzinsstellen kann ein fester oder verhältnißmäßig bestimmter Beitrag nicht blos zu den Steuern und Abgaben, sondern auch zu den Kosten der Jurisdiction, zu Kirchen-, Pfarr- und Schulabgaben vertragsweise auferlegt werden; besondere Gebühren für die zulässig befundene landesherrliche Bestätigung der Erbzinscontracte werden außer der gewöhnlichen Rescriptsgebühr nicht erhoben; es ist den Gutsherren unbenommen, über die Erbzinsgehöfte Hypothekenbücher zu errichten. Das Justizministerium ertheilt sicherem Vernehmen nach seit 10 Jahren seine Genehmigung für die Errichtung dieser Hypothekenbücher, um der einheitlichen und übereinstimmenden Ordnung willen, auf Grund der Demanial-Hypothekenordnung; diese erlaubt aber die Auflegung von Leistungen, welche im Grundbriefe zu stipuliren sind. Sollten für einige ritterschaftliche Privatgüter in dieser Beziehung beschränkende Bestimmungen bei Errichtung von Hypothekenbüchern in früherer Zeit getroffen sein, so könnte deren Aufhebung falls Erbzinsmann und Gläubiger mit dem Gutsbesitzer übereinstimmend beantragen, jederzeit veranlaßt werden; ebenso kann auf die Häuslerstellen im Domanium und auf die ritterschaftlichen Erbzinsstellen die rückständige Schuld als Rente auf die Folien eingetragen werden, falls eine entsprechende Kapitalsumme als **Ultimatum** hinzugefügt wird. Freilich wäre diese Rente nur ein unkündbarer Kanon oder ein Kanon mit beschränkter oder unbeschränkter Kündbarkeit zu Gunsten des Besitzers — dieser Kanon wäre keine Rente im Sinne des Rentenprincips; unter dem Rentenprincipe würde dies anders liegen, unter dem Rentenprincipe werden die Grundstücke **nur nach Rente** vererbt, verkauft und verschuldet, unter dem Rentenprincipe wird die Ablösbarkeit der Dienste wesentlich erleichtert, denn als Grund=geld und als gesetzliches Zahlungsmittel für allen Verkehr in Grundbesitz, und daher als Werthmesser für Grundbesitz, Verschuldungssummen und Leistung dient der Landrenten=brief und es wird der creditorische Consens zum Verkauf von Gutsgrundstücken unter dem Rentenprincip von der in Aussicht genom=menen Landrentenbriefbehörde auf einfacherem Wege leichter zu erreichen sein, als von den einzelnen Gläubigern unter dem Kapital=princip — aber so verderblich es auch mehr und mehr für die Landescultur wird, wenn die Gesetzgebung für den **unbeweglichsten Factor** nationaler Arbeit, für den **Grundbesitz** nach der Schablone zugeschnitten bleibt, welche der Gesetz=gebung für das **bewegliche Capital** entlehnt wurde, darf doch das Bessere nicht der Feind des Guten sein.

Um dieses Guten willen, damit also die innere Colonisation Fortgang nehmen könne, müssen wir die dringende Nothwendigkeit betonen, daß — so lange das Rentenprincip keine veritas grata ist, so lange also das Kapitalprincip herrschend bleibt — die gesetzlichen Bestimmungen wegen des creditorischen Consenses zur Errichtung von Erbzinsstellen in ritterschaftlichen Gütern Modificationen erfahren müssen. Die Einholung des creditorischen Consenses wird selten versucht werden, weil sie Umstände und Kosten verursacht, und weil ihr Erfolg sehr problematisch ist; denn viele Gläubiger, welche von den Bedingungen einer erfolgreichen Land=wirthschaftsführung nur geringe Kenntniß besitzen, und selbst deren Ver=treter, juristisch gebildete Geschäftsmänner, welche den Hypothekenverkehr vermitteln, werden sehr leicht geneigt sein, ihre Zustimmung zu solcher wenngleich in vernünftigen Grenzen gehaltenen Operation zu versagen, obgleich dadurch die Sicherheit ihrer Forderung nicht geschädigt, sondern im Gegentheil erhöht wird — denn was kann es nützen, Gläubiger eines Grundbesitzers zu sein, der deshalb zah=lungsunfähig ist, weil ihm für seine Scholle Land die Menschenkräfte fehlen? Wird der creditorische Consens nun ver=

6

weigert, dann dürfte es in den mehrsten Fällen sehr schwer werden, die Gläubiger zu wechseln oder selbst an deren Stelle zu treten. Der ganze verfehlte Versuch würde aber dem Credit des betreffenden Grundbesitzers wesentlich schaden. Und weiter müssen wir die Nothwendigkeit betonen, daß aus den schon angeführten Gründen die ritterschaftlichen Güter unter sich oder in Verbindung mit dem domanialen Landestheile etwa nach den Grenzen der bestehenden Aushebungsbezirke eine dem Bedürfniß entsprechende Gemeindeordnung vereinbaren, namentlich zur Uebertragung gewisser Kosten der Armenpflege, welche einer Gemeinde oder Ortschaft erwachsen sind, auf die sämmtlichen Gemeinden oder Ortschaften eines größeren Verbandes, wie solches durch § 1. 2. der revidirten Verordnung, betreffend das Armenwesen in den Großherzoglichen Domainen, vorgeschrieben ist. Alle weiteren Schwierigkeiten, welche der Errichtung von Erbzinsstellen im ritterschaftlichen Landestheile entgegenstehen, erscheinen von geringerer Bedeutung; dieselben werden weiter unten erwähnt und dürften nicht unüberwindlich sein, wenn es den Besitzern ritterschaftlicher Güter wirklich um die Vermehrung des kleinen Grundbesitzes und namentlich der Zahl grundbesitzender Arbeiter im ritterschaftlichen Landestheile Ernst ist.

4. Welche Erleichterungen nun auch getroffen werden mögen, um den kleinen Grundbesitz und die Zahl grundbesitzender Arbeiter zu vermehren, soviel leuchtet ein, daß die bloße Erlaubniß der beschränkten oder unbeschränkten Theilbarkeit des Grund und Bodens unter Lebenden und auf den Todesfall nicht genügen wird, um die gewünschten Ansiedlungen in angemessener Weise zu befördern; wir lernen aus den Erfahrungen anderer Länder, so Preußens, so Englands, daß es auch in der vorliegenden Frage mit der bloßen Concurrenzpolitik mit dem „laissez aller et laissez passer" wieder einmal nichts auf sich hat. Die kleinen Parcelenbesitzer im Staate Jova werden ebenso wieder verschwinden und ihr Eigenthum wird ebenso im großen Latifundienbesitze aufgehen, wie die Latifundien des alten Rom entstanden sind, wie der Großgrundbesitz in England und wie trotz der Stein'schen Gesetzgebung der Großgrundbesitz in Preußen sich vermehrt, der kleine Grundbesitz sich vermindert hat. So lange der verderbliche Zauber nicht gebrochen ist, welcher nicht blos die für Lohn arbeitenden Klassen, sondern auch höher gestellte geistige Kräfte von dem mit der steigenden Produktivität der nationalen Arbeit mitsteigenden Lohne ausschließt, so lange wird es nur gelingen, eine **stufenweise Vertheilung des Besitzes** aufrecht zu erhalten, wenn zu aller

wirthschaftlichen Freiheit die wirthschaftliche **Organisation** im eigenen und im öffentlichen Interesse hülfeleistend sich gesellt, wie solche im Großherzoglich Mecklenburg= Schwerinschen Domanium seit dem Jahre 1846 vom Landes= herrn als dem Besitzer des Domaniums geübt ist.

5. Die nachfolgende Tabelle giebt ein anschauliches Bild von der Bewegung des domanialen Grundbesitzes seit dem Jahre 1832:

Es waren …	1832	1847	1857	1870	1871	1872
Erbpachtstellen .	437	832	1250	2382	3095	3633
Hauswirthstellen	4966	4586	4190	3160	2452	1927
Kossäten	54	0	0	0	0	0
Büdner	5342	6669	7126	7427	7443	7453
Pachthöfe . . .	290	271	251	241	241	240
Häusler	0	142	2161	3880	4053	4279
	11089	12500	14978	17090	17284	17532
	+1411	+2478	+2112	+194	+248

Die Zahl der kleinen Grundbesitzerstellen ist also im Domanium seit 40 Jahren um 6443 oder jährlich um 161 Stellen gestiegen.

Die bei Regulirung der Dorfschaften zur Errichtung von Häuslereien ausgeschlagenen Grundstücke werden in nicht allzu ferner Zeit verkauft sein; es ist nun den Gemeinden freilich eine Veräußerung von Gemeinde= Grundstücken im Wege des öffentlichen Aufgebots unter der Bedingung erlaubt, daß der gewonnene Erlös dauernd als Kapitalvermögen von der Gemeinde conservirt werde, aber es darf eine Veräußerung von Gemeinde= land nur im Falle eines überwiegenden öffentlichen Inter= esses geschehen. Die erbstandsgeldfreien Ländereien der Erbpächter im Großherzogl. Domanium bilden — Modificationen durch Gesetz oder Dorfstatut vorbehalten — geschlossene, also untheilbare Hufen; die Eigenthums=Parcelen in den Dörfern, s. g. walzende Grundstücke, eignen sich zur Bebauung nicht resp. dürfen nicht bebaut werden, und so erscheint auch hier die Welt einstweilen weggegeben, um so wichtiger aber die Selbsthülfe Seitens der Privatbesitzer im ritterschaftlichen Landestheile.

Durch drei Operationen könnte Seitens der Domanialverwaltung noch zur inneren Colonisation im ganzen Lande beigetragen werden:

Erstens mit der fortschreitenden Verminderung der im Forstetat vorgeschriebenen Abgabe von Feuerung an Häusler und Einlieger könnte nach und nach eine Anzahl kleiner, und daher wenig einträglicher, bis dahin für das domaniale Bedürfniß conservirter Holzreviere, die vielfach sehr guten Grund und Boden haben, zur Errichtung von Dorfschaften oder zur Erweiterung angrenzender Dorfschaften ganz oder theilweise verkauft werden.

Zweitens könnten einzelne in die ritterschaftlichen Besitzungen eingesprengte Domanialpachthöfe oder entlegene Theile von Domanial-Feldmarken der Ritterschaft zur Aufrichtung von Dorfschaften, falls sonst die genügende Bereitwilligkeit Zwecks Hergabe von Grund und Boden zu diesem Zwecke nicht vorhanden sein sollte, verkauft werden, wogegen durch Ankauf an anderen Stellen des Landes der Grundstock des Domaniums in seiner ursprünglichen Größe erhalten bleiben müßte; oder

Drittens von den entlegenen Theilen der Hoffeldmarken könnten Parcelen als Belohnung für verdiente Katenleute, welche als Häusler sich dort anbauen wollen, weggegeben werden, falls eine angrenzende Dorfgemeinde zur Aufnahme dieser Parcelen in den Gemeindeverband sich bereit erklären sollte.

Zur Beurtheilung der seit dem Jahre 1846 im Domanium durch-geführten Maßregel einer Errichtung von Häuslereien, d. h. Grund-besitzerstellen für ländliche Arbeiter, dienen die Vorschriften der Groß-herzogl. Verordnung vom 18. Mai 1846, der Circularverordnung vom 17. August 1867, der Circularverordnung vom 14. November 1868, der Circularverordnung vom 4. April 1872 nebst Rescript vom 21. März 1872, betreffend die Veräußerung von Gemeindegrundstücken, und der Circularverordnung vom 3. März 1870 betreffend Eigenthumsparcelen. Die laut Verordnungen vom 10. October 1838 und vom 11. April 1848 den Einliegern und Häuslern gegen billige Pacht überlassenen Acker-Competenzen beliefen sich im Jahre 1865 auf circa 1260 Mecklen-burgische Last = 63,000 Preußische Morgen = 16,389 Hektare.

6. Unter der Voraussetzung, daß auch für den ritterschaftlichen Landestheil eine dem Bedürfniß entsprechende Gemeindeordnung in Kraft tritt oder daß beide ländlichen Gebiete in Mecklenburg, der domaniale und der ritterschaftliche Landestheil, etwa nach den Grenzen der bestehenden Aushebungsbezirke zu großen Verbänden sich vereinigen, wobei die Frage, in wieweit die Städte des Landes an einer solchen Kreisordnung participiren müßten, unerörtert bleiben soll, dürfte die Schaffung kleinen Grundbesitzes und grundbesitzender Arbeiter, abgesehen von der durch einzelne Besitzer vorgenommenen Errichtung von Erbzinsstellen, noch unter folgenden Modalitäten ausführbar sein:

a. die Besitzer ritterschaftlicher Güter, deren Gütercomplexe zu-sammenstoßen, vereinigen Theile der ihnen gehörigen Feldmarken, welche wegen der weiten Entfernung vom Wirthschaftshofe nur eine geringe Landrente abwerfen, um auf diesen Abschnitten ihrer Güter Dorfschaften zu errichten. Durch die Errichtung solcher

selbstständigen Dorfschaften, in denen eine genügende Zahl grund=
besitzender Arbeiter Platz finden kann, würden an passenden Stellen
des Landes die verschwundenen Bauerdörfer wieder auf=
leben und es bedürfte für diese Organisation im Uebrigen nur,
daß das im Großherzoglichen Domanium gegebene Beispiel Nach=
ahmung fände; cf. Annalen des Meckl. Patr. Vereins 1865.
Nr. 46. Es kann doch der Mecklenburgischen vereinigten Ritter=
schaft nicht schwer fallen, die etwa nöthige Ordnung der Schuld=
verhältnisse in den betreffenden Gütern durchzuführen, wenn die=
selbe zu einer gemeinsamen Organisation des agrarischen Credits
sich entschließen wollte z. B. durch zeitgemäße Reorganisation
des ritterschaftlichen Creditvereins.

b. Die einzelnen Besitzer, deren Güter mit Demanial=Dorfschaften
grenzen, treten je nach Bedürfniß und um der Nachfrage nach
Häuslerstellen zu genügen, Parcelen an die Dorfschaften ab und
unterstützen durch Fuhren und sonstige Hülfe den Aufbau der
Häuslereien. Aber nur wenn die Ueberlassung solcher Parcelen
an die Dorfgemeinden umsonst geschieht, kann die Ausscheidung
aus dem Gutsverbande und die Vereinigung derselben mit den
Dorfländereien aus Rücksicht auf vermehrte communale Pflichten
von Dorfgemeinden acceptirt werden. Man möge sich also nicht
täuschen über die Kosten, welche eine solche Colonisation ver=
ursacht. Aber solche Kosten sind verschwindend klein in Rücksicht
auf die Schäden, welche den einzelnen Besitzern bei weiter sinken=
der Bevölkerung wegen Mangel an Arbeitskräften erwachsen;
auch darf an dieser Stelle wohl auf die Erzählung von den
sybillinischen Büchern hingewiesen werden.

Die Schwierigkeiten, welche einer solchen Organisation im
Wege stehen, weil den Gütern unter 2 Hufen nur erlaubt ist,
2 pCt. der Gutsfläche abzutreten, und größere Güter nur bis
auf 2 Hufen verkleinert werden dürfen, und die weiteren
Schwierigkeiten wegen des Hufenkatasters, Landstandschaft, Juris=
diction, Landessteuern, namentlich wegen letzterer, falls ritter=
schaftliche Parcelen in den Domanialverus aufgenommen werden
sollten, dürften leichter gehoben werden können als der berechtigte
Widerstand gegen die Parcelirung von Domanial=Pachthöfen,
solange diese, trotz der Bau= und Verwaltungskosten eine höhere
Gutsrente bringen, als durch den Verkauf zu kleinem ländlichen
Besitze zu erzielen wäre.

VI. Kann der Unzufriedenheit der arbeitenden Klassen, der Auswanderung und dem Arbeitermangel vorgebeugt werden

a. durch Maßnahmen, welche die materielle Lage der Arbeiter ergreifen?

b. durch gesetzliche Bestimmungen, welche eine veränderte Ordnung der Arbeiterverhältnisse ermöglichen?

Das Vorstehende wurde aufgefaßt und niedergeschrieben unter dem immer wiederkehrenden unauslöschlichen Eindrucke, daß es nur gelingen wird, den Strom der deutschen Auswanderung einzuschränken, wenn wir uns bemühen, unseren Landsleuten die Heimath immer mehr lieb und werth zu machen. Der Auswanderer trägt nicht bloß seine nützliche Arbeitskraft, sondern auch sein baares Vermögen über den Ocean und läßt dazu vielleicht unterstützungsbedürftige Anverwandte zurück; die auf seine Ausbildung verwendeten Erziehungskosten kommen seiner neuen Heimath zu gut; wegen der Entvölkerung des platten Landes mangeln den kleinen Landstädten ihre Consumenten, alle Stände verlieren an der Zahl oder an der Brauchbarkeit unentbehrlicher Kräfte und das junge deutsche Reich büßt ein an seiner Wehrkraft. Ein wirthschaftlicher Kampf um menschliche Arbeitskraft entbrennt zwischen zwei Welttheilen; scheel sieht schon Amerika und eifert in seiner Presse, wenn in Deutschland irgend eine zu Recht bestehende Maßregel den Begünstigungen und Verleitungen zur Auswanderung entgegenwirkt. Prohibitiv-Maßregeln können hier nichts ändern, die wirksamste Maßregel wird es immer sein, wenn wir die deutsche Heimathliebe, diesen unseren besten Bundesgenossen stärken, indem wir die Anziehungskräfte des Inlandes vermehren. Der Kampfpreis wird aber hinter den gebrachten Opfern nicht zurückbleiben; denn jede Phase des glücklich geführten Streites wird einen neuen Fortschritt in der Cultur des deutschen Volkes bedeuten. Zur Erfüllung dieser Culturaufgaben wird jeder Einzelne als seine Pflicht erkennen, nicht in Groll und Verdruß müßiger Zuschauer zu sein, sondern in seinem Kreise mitzuwirken zum Wohlstande, zur Bildung, zur Gesittung und somit zur wahrhaften Befreiung der zahlreichsten Volksklasse vom Drucke der Nothwendigkeit; hier öffnet sich uns Allen ein weites und um so dankbareres Feld der Thätigkeit, weil die Erhöhung des Heils der Gesammtheit wohlthätig auf uns zurückfällt.

Was nun für eine glückliche Ordnung unserer Mecklenburgischen ländlichen Arbeiterverhältnisse beachtenswerth erscheint, möge kurz in folgende Punkte, theilweise nach dem Wortlaut der in der Berliner Conferenz ländlicher Arbeitgeber gefaßten Beschlüsse, an deren Formulirung Correferent mitgewirkt hat, zusammengefaßt werden:

1. Jede Aenderung in den bestehenden Verhältnissen der ländlichen Arbeiterclassen ist mit Vorsicht einzuleiten, damit nicht das Mißtrauen der Arbeiter, die zähe am Althergebrachten hangen, erregt und dadurch ein günstiger Erfolg der beabsichtigten Aenderung vereitelt werde; wenn irgend möglich, ist den für die Umgegend bestehenden Ueblichkeiten angemessene Beachtung zu schenken.

2. Wo etwa der übliche Lohn dem Arbeiter keine ausreichliche Existenz gewährt, muß eine Lohnerhöhung eintreten. Dies liegt zugleich im Interesse des Dienstherrn, wie der nationalen Production überhaupt, denn ein gut gelohnter Arbeiter bringt ein größeres Arbeitsproduct hervor als ein schlecht gelohnter, schlecht genährter, schlecht gekleideter und mit schlechtem Werkzeuge versehener Arbeiter. Dies wird durch die Erfahrungen nicht bloß der einzelnen Wirthschaften, sondern ganzer Provinzen bestätigt. Sichere Contracte lassen sich dazu nur mit sicheren d. h. wohlhabenden Leuten schließen.

3. Die Niederlassung junger Leute auf den Höfen ist möglichst zu begünstigen und dahin auszudehnen, daß die Wartung des Viehes anstatt lediglosen Dienstboten mehr den verheiratheten Katenleuten anvertraut werden kann. Da der verheirathete Pferdeknecht während der 3 Futterzeiten nicht füglich nach seinem Hause in dem oft entfernt liegenden Dorfe gehen kann, um dort sein Essen einzunehmen, so ist als Lohnzulage für die geleisteten Ueberstunden ihm Kost, wenn auch nicht die völlige Beköstigung auf dem Hofe zu geben. Die dadurch erwachsenden größeren Wirthschaftskosten werden durch die bessere Wartung und Behandlung unserer theuren Viehbestände reichlich wieder aufgewogen. Auch ist die Mehrausgabe so bedeutend nicht, falls jeder verheirathete Pferdeknecht 3—4 Gespann Pferde übernimmt.

4. Die Einrichtung der Arbeiterwohnungen muß der Gesundheit und dem Wohlbefinden der Arbeiter sowie der sittlichen Gestaltung des Familienlebens Rechnung tragen. Kostbare Bauten sind zu vermeiden, weil Unzufriedenheit benachbarter Katenleute auf den Gütern weniger bemittelter Besitzer dadurch hervorgerufen werden kann, und weil wegen der hohen Miethe, mag diese nun auf den Arbeiter oder auf den Dienstherrn, Gutsbesitzer oder Pächter fallen, die Niederlassung gehindert wird.

5. Eine angemessene Abkürzung der an einigen Orten üblichen Arbeitszeiten ländlicher Tagelöhner ist für deren materielle, geistige und sittliche Hebung eine Nothwendigkeit. Dieselbe liegt zugleich im Interesse der Arbeitgeber wie der nationalen Production überhaupt.

6. Daß die Löhnung theils aus baarem Gelde, theils aus Naturalien bestehe, ist für alle ländlichen Arbeiter wünschenswerth. Das in früheren Zeiten richtige Verhältniß des Naturallohnes zum Geldlohne ist aber in Folge der neuen Preisverhältnisse nicht mehr zutreffend. Der Naturallohn der Katenleute ist daher an den mehrsten Stellen niedriger, dagegen der Geldlohn höher zu bemessen. Im Allgemeinen sollte der baare Geldlohn mindestens ⅓ des Jahreseinkommens einer Arbeiterfamilie betragen. Dadurch gewinnen die Katenleute zugleich mehr häusliche Muße, und die Forderung einer regelmäßigen Freigebung von Wochentagen, an denen der Arbeiter seine häuslichen Arbeiten verrichten könnte, wird gegenstandslos.

7. Wenn auch nicht geleugnet werden kann, daß viele Arbeiterfrauen manche Zeit übrig haben, um auf Lohnarbeit zu gehen, so ist es doch auch unzweifelhaft richtig, daß die Thätigkeit der Frauen hauptsächlich dem eigenen häuslichen Herde gehört. Durch eine bevorzugte Stellung der Katenleute, deren Frauen auf Lohnarbeit gehen, sollte die freiwillige Hülfeleistung der Hausfrauen begünstigt werden, Zwangsdienste sollten dagegen in Wegfall kommen.

Uebrigens möge hier bemerkt werden, daß die in Amerika verbreiteten Nachrichten über die schweren Arbeiten, welche die Frauen der ländlichen Arbeiter in Europa verrichten müssen, wenigstens für Mecklenburg nicht zutreffen. So heißt es z. B. auf Seite 33 des Berichts vom statistischen Arbeitsbureau in Massachusetts, nachdem dort angeführt ist, daß die Beschäftigung der Frauen in den ackerbautreibenden Districten die Hausarbeit und Milcherei ist, ferner das Verpflanzen und Jäten verschiedener Gewächse, Pflücken der Früchte und Bereitung der Gegenstände für den Markt, Heuharken, Getreidebinden, Kartoffelernte, Abstreifen der Blätter von den Tabackspflanzen — „die schwere Feldarbeit, bei der sie oft in Europa verwendet werden, ist selten, wenn sie überhaupt hier von ihnen geleistet wird. Auch die Kinder werden von ihren Eltern im Hause mit leichter Arbeit beschäftigt, oder im Felde mit ähnlich leichter Arbeit während der Pflanz- und Erntezeit." Und nun frage ich jeden Unbefangenen, ob „the heavy field work" der Arbeiterfrauen auf dem Lande in Mecklenburg drückender ist, als in Massachusetts?

8. Die übliche Dienstleistung durch Dienstboten — Hofgänger — der Katenleute ist möglichst aufrecht zu erhalten. Für geschickte und reichliche Leistungen ist den Hofgängern Ueberverdienst über Tagelohn mehr als sonst Seitens des Wirthschaftsdirigenten zu gewähren.

Katenleute, welche keinen Hofgänger zu halten wünschen, müssen in ihren Emolumenten auf das geringste Maß beschränkt werden und den für freie Arbeiter üblichen Tagelohn erhalten, während sie die Emolumente nach dem wirklichen Werthe bezahlen. Dadurch werden sie zur klareren Einsicht über die Vortheile des bestehenden Verhältnisses zu ihrem Dienstherrn geführt werden und einsehen, daß die Dienste der Hofgänger nur ein Ersatz sind für Miethe und eine Menge von Emolumenten, welche sonst die Frau des Arbeiters selbst durch Dienste bezahlte.

9. Es empfiehlt sich, passende Arbeiten mehr als sonst in Accord wegzugeben, denn obwohl die allgemeine Einführung der Accordarbeit als Grundlage der nationalen Production eine durchschnittliche Verbesserung des Einkommens der Arbeiter nicht nothwendig zur Folge hat, so hat die Accordarbeit dennoch den besonderen Vorzug, daß der fleißigere und geschicktere Arbeiter einen erhöhten Lohn für vermehrte Arbeitsleistung gewinnt, während beim Tagelohnsystem ungleiche Leistungen oft gleich gelohnt werden.

10. Die Tantièmelöhnung wird ein Sporn sein zu größerer Pflichttreue des Arbeiters. Eine den jedesmaligen Verhältnissen angemessene Befolgung dieses Lohnsystems sichert den Guts-Arbeitern einen mit der steigenden Productivität ihrer Arbeit mitsteigenden Lohn.

Während eine directe Lohnzulage augenblicklich vielen Arbeitgebern aus verschiedenen Gründen fast unerschwinglich wird, ist dies bei der Tantièmelöhnung nicht der Fall, denn die Ausgabe für den Tantièmeantheil der Arbeiter steigt nur mit dem steigenden Gutsertrage. Der immer entschiedener auftretenden Forderung der Socialisten, daß der „volle Arbeitsertrag" dem Arbeiter gebühre, widersteht man am Sichersten, wenn man durch Einführung der Tantièmelöhnung die Arbeiter an das Interesse der Arbeitgeber knüpft.

Bei Berechnung des auf jeden einzelnen Hausvater fallenden Antheils kann füglich die längere oder kürzere Dienstzeit und die Anzahl der von der Familie geleisteten Arbeitstage angemessene Berücksichtigung finden.

Der feste Lohn muß so bemessen werden, daß er für den nothwendigen Lebensunterhalt der Arbeiterfamilie mindestens ausreicht und von dem in der Gegend üblichen sich nicht entfernt, so daß der Tantièmeantheil von den Arbeitern gespart werden kann. Dadurch wird es möglich, daß der Arbeiter die Mittel zur Erwerbung von Grundeigenthum gewinnt.

Der Betrag des jährlichen Tantièmenantheils ist den Arbeitern nicht auszuzahlen, sondern in ein Sparkassenbuch einzutragen und muß bis zum 60. Lebensjahre unkündbar sein. Dagegen genießt der Arbeiter die jährlichen Zinsen. Sollte jedoch der Inhaber des Sparcassenbuches im Lande als grundbesitzender Arbeiter sich ansiedeln wollen, dann ist ihm sein Guthaben zu diesem Zwecke auszuzahlen.

11. Die freien Arbeiter aus den Städten und aus dem Domanium legen bei Verabredung über den Lohn während der Sommerzeit häufig Werth auf die Abgabe von Wiesengras zur eigenen Werbung, erstere auch auf die Ueberlassung von Lein= und Kartoffelland und auf die Leistung einiger Fuhren. Diese Nachfrage wird steigen, sobald die jetzigen Pachtländereien der Einlieger und Häusler im Domanium von der betreffenden Gemeinde öffentlich meistbietend verpachtet werden. Wegen Verabreichung solcher Emolumente an freie Arbeiter, die während der Sommerzeit auf den Höfen arbeiten, sollten die Pächter verpächterischer Seits nicht allzu sehr beschränkt werden, denn beim Wegfall des Natural= lohns würden die freien Arbeiter sich anderswo hinwenden; eine Erhöhung des baaren Geldlohnes um etwa den doppelten Werth, den die Emolumente für den Gutsherrn haben, würde nur selten ihren Weggang hindern und auf sichere Arbeitskräfte könnte der Wirthschafts= dirigent nicht rechnen.

12. Damit es aber beim besten Willen auch gelingt, eine zweck= mäßige Ordnung der ländlichen Arbeiterverhältnisse herbeizuführen, hat die Gesetzgebung folgende Forderungen zu erfüllen:

a. Die Großherzogliche Verordnung vom 15. Mai 1848, betreffend Schiedscommissionen für streitige Verhältnisse der Hof= Tagelöhner ist einer Revision zu unterziehen.

b. Alle jetzt bestehenden Regulative müssen einseitig von den Betheiligten um Ostern jeden Jahres zur üblichen Umzugszeit aufgerufen werden können und in diesem Falle für den betreffenden Gutsbezirk ihre Gültigkeit verlieren.

c. An Stelle der bis dahin für jeden besonderen Fall ernannten Schiedscommissionen tritt ein ständiges Arbeitsamt.

Dieses Arbeitsamt hat folgende Aufgaben zu erfüllen:

Die Anstellung fortlaufender statistischer Recherchen über die wirthschaftliche Lage der arbeitenden Klassen,

Begutachtung von Gesetzentwürfen, welche sich auf das Verhältniß der Dienstherren zu den Arbeitern beziehen;

Ueberwachung der Ausführung dieser Gesetze;

Einrichtung gewerblicher Schiedsgerichte, Oberaufsicht über deren Amtshandlungen und Recursentscheidung in unentschieden gebliebenen Fällen.

Sobald bei Streitigkeiten über die Verhältnisse der Hoftagelöhner keine Vereinbarung zwischen dem Dienstherrn und den Guts= leuten zu Stande kommt, steht dem Arbeitsamte zu, jederzeit ein Regulativ zu ertheilen, welches jedoch nur bis zu der auf den nächsten Kündigungstermin folgenden Umzugszeit gesetzliche Gültigkeit hat.

Das Arbeitsamt sei zugleich **Staatsagentur= behörde** für Auswanderer. Dadurch werden alle jetzigen Agenturen überflüssig und es sind die ertheilten Concessionen zurückzuziehen.

d. Der dolose Bruch des Arbeitsvertrages, sei es von Seiten des Dienstherrn, sei es von Seiten der Arbeiter, ist unter das Strafgesetz zu stellen. In Mecklenburg werden Arbeits= verweigerungen und Dienstvergehen kraft Gewohnheitsrechtes bestraft. Die Richtigkeit dieses Verfahrens wird Seitens der Regierung anerkannt, namentlich weil auch durch die Verordnung vom 2. April 1864 eine bestimmte Strafe für Dienstvergehen der Dienstleute in den ritterschaftlichen Gütern ausgesprochen ist. Dieser legalen Auffassung gegenüber sind Zweifel laut geworden, ob die Arbeitsverweigerung in Mecklenburg in Ansehung der Bestimmungen in § 2 des Strafgesetzbuches überhaupt polizeilich geahndet werden darf. Dazu kommt, daß in anderen Kreisen des deutschen Reiches der Bruch des Arbeitsvertrages nicht unter dem Strafgesetze steht, daß factisch die Gleichheit vor dem Gesetze dort illusorisch ist, weil die Schadenansprüche des Dienstherrn vor dem bürgerlichen Richter innerhalb der gesetzlichen Frist nicht zu erstreiten sind, die Beschlagnahme des Lohnes verboten ist und die Execution durch Intervention gehindert werden kann. Durch diese Verschiedenheit in den Rechtsverhältnissen wird aber die Verleitung zur Unzufriedenheit begünstigt. Wir fordern deshalb und weil darin der einzige Ausweg zu liegen scheint, eine ungesetzliche Anwendung der Coalitionsfreiheit zu verhindern, daß Seitens der Reichsgesetzgebung der dolose Bruch des Arbeitsvertrages unter das Strafgesetz gestellt werde.

Sobald in dieser Beziehung für beide contrahirenden Theile Gleichheit vor dem Gesetze besteht, wird zugleich die Treue des Lohnarbeiters gegen seinen Dienstherrn befestigt werden.

e. Im ritterschaftlichen Landestheile ist eine dem Bedürfniß ent= sprechende Gemeindeordnung zu vereinbaren, durch welche namentlich die Uebertragung gewisser Kosten der Armenpflege, welche einer einzelnen Gemeinde oder Ortschaft erwachsen sind, auf die sämmtlichen Gemeinden und Ortschaften eines größeren Bezirkes vorgeschrieben wird; noch zweckmäßiger wird es sein, eine Vereinigung des domanialen mit dem ritterschaftlichen Landestheil zu größeren Verbänden etwa nach den Grenzen der bestehenden Landwehrcompagnie = Bezirke anzustreben; dabei soll die Frage, in wieweit die Städte des Landes an einer solchen Kreisordnung participiren müßten, hier unerörtert bleiben.

f. Den Gemeinden muß das Recht zugestanden werden, gewisse Garantien zu fordern, daß nicht in Folge der nackten Frei= zügigkeit die Armenlast für sie unerschwinglich wird.

g. Der creditorische Consens zur Abzweigung von Gutsgrund= stücken in ritterschaftlichen Gütern dürfte überhaupt nicht erforderlich sein, falls der Verkauf Zwecks Errichtung kleiner Stellen für grundbesitzende Arbeiter geschieht und erstere an die Grenze des Gutes verlegt werden, sowie an Areal zusammen= genommen 2 Procent der Gesammtgutsfläche nicht übersteigen.

Für größere Abzweigungen dürfte der creditorische Consens ebensowenig erforderlich sein, wenn die abzuzweigenden Grund= stücke in einer zusammenhängenden Fläche an einer entfernteren Grenze des Gutes gewählt werden und falls der Betrag des durch beeidigte Taxanten zu ermittelnden Werthes, den die abzuzweigenden Grundstücke in Rücksicht auf die ganze Gutsrente haben, der aber nie niedriger als der bezahlte Preis anzunehmen ist, unter Oberaufsicht der Landesregierung ermittelt und eine diesem Werthe gleichkommende Summe auf den ersten Folien der zweiten Abtheilung im Hypothekenbuche des betreffenden Gutes zur Rechtsfolge der Nichtwiedereintragung getilgt wird.

Dadurch wird für nachstehende Gläubiger die Sicherheit ihrer Forderungen in keiner Weise geschmälert.

Sollten unsere Vorschläge nicht durch bessere Vorschläge ersetzt und weder jene noch diese erfüllt werden, dann wird die Blüthe unserer Landwirthschaft durch die Auswanderung empfindlich getroffen werden. Von allen Mitteln, die geeignet erscheinen, den Arbeitermangel weniger fühlbar zu machen, Erhöhung des Arbeitslohnes, Aenderung des Lohnsystems, Anwendung von Maschinen, Uebergang zu anderen Wirthschaftsformen, Herbeiziehung von Arbeitskräften aus anderen Kreisen, Vermehrung des kleinen Grundbesitzes und der Zahl grundbesitzender Arbeiter, dürfte letztgenanntes Mittel von der nachhaltigsten Wirkung sein.

„Fehlt es an Menschen auf dem Lande, so führt der Staatswirth sie durch kluge Maßregeln herbei", so schrieb im Jahre 1804 ein um die Mecklenburgische Domanialverwaltung wohlverdienter Beamter in einem größeren, Preußens Könige gewidmeten Schriftwerke. Dort in Preußen und hier in Mecklenburg ist die innere Colonisation von Seiten der Regierung geübt; dort hat man sie später mehr der freien Concurrenz überlassen, hier im Großherzoglich Mecklenburg-Schwerinschen Domanium haben wohldurchdachte Verwaltungsmaßregeln unangemessene Ansiedelungen verhindert und verhütet, daß man nicht „anbaue wie die Schwalben" — aber dennoch ist im Domanium auf einem Flächen-raume von circa 76 □Meilen zur Ackercultur nutzbarer Bodenfläche im 25jährigen Zeitraum von 1848—1873 die Zahl der Grundbesitzer-stellen um 5063 gestiegen. Möge das gegebene Beispiel Nachahmung finden!

Beschlüsse

der Commission.

———⁕———

Beschlüsse

der vom Mecklenburgischen patriotischen Vereine eingesetzten Commission zur Berathung über die wirthschaftlichen Verhältnisse der ländlichen Arbeiterklassen in Mecklenburg, über Auswanderung und Arbeitermangel.

I. 1. Das Verhältniß der ländlichen Arbeiter in Mecklenburg zu ihren Dienst= und Lohnherren beruht theils auf dem Miethscontracte, theils auf Regulativen, welche in Pachtcontracten oder durch schieds= commissarische Entscheidungen vorgeschrieben sind.

2. Die bessere Stellung der Katenleute gegenüber den anderen Arbeiterklassen beruht darauf, daß das Einkommen der Katenleute steigt mit den steigenden Erträgen aus Grund und Boden.

3. In Folge der Großherzoglichen Verordnung vom 15. Mai 1848 sind Streitigkeiten der Hoftagelöhner mit ihren Lohnherren bei ange= messener Beachtung der für den Ort und die Umgegend bestehenden Ueblichkeiten in den meisten Fällen rasch und glücklich erledigt, und in Folge der getroffenen Entscheidungen übersteigt der Jahreslohn der Katenleute die zum Lebensunterhalt erforderlichen Subsistenzmittel.

4. Der durchschnittliche Jahreslohn während der letzten 10 Jahre wird für jeden Arbeitstag eines Mannes auf mindestens 15 Sgr. zu schätzen sein. Das Einkommen einer Arbeiterfamilie auf den Höfen, welche einen Hofgänger hält, kann bei wirthschaftlicher Benutzung der Emolumente, nach Abzug der Kosten für den Hofgänger, auf mindestens 22 Sgr. für jeden Arbeitstag eines Mannes berechnet werden. Für diese Erhöhung des Einkommens hat der städtische Arbeiter weniger Gelegenheit, und schon aus diesem Grunde ist die Lebensstellung der Mecklenburgischen Katenleute eine einträglichere, als diejenige der städtischen Tagelöhner. Das Einkommen der Deputatisten wird im Durchschnitt von demjenigen der übrigen Katenleute nicht wesentlich abweichen. Die Einlieger und Häusler im Mecklenburg = Schwerinschen Domanium würden ein nicht unbedeutend geringeres Einkommen haben gegenüber den Katenleuten, wenn ihnen nicht seit 1838 resp. 1848 Ackercompetenzen,

7

Weide und Wiesenwachs für 1 Kuh gegen besonders billige Pacht, und Feuerung gegen abgeminderte Taxe mehr oder weniger zugebilligt wäre; vergleicht man das Einkommen der Landarbeiter mit dem Einkommen der städtischen Arbeiter nach den Preisen, welche die Producte in der Stadt haben, dann wird das Einkommen der Ersteren in den letzten Jahren nicht unter 25 Sgr. pro Tag im Durchschnitt anzunehmen sein.

5. Da die Mecklenburgischen Arbeiterfamilien auf dem Lande ihre Habe mit 500 bis 600 Thlr. gegen Feuersgefahr zu versichern pflegen, zum Theil große Ersparnisse in die Sparkassen des Landes niedergelegt haben, oder gar so viel Vermögen aufbringen konnten, um ein eigenes Haus oder eine eigenthümliche Ackercompetenz zu erwerben, erhellt, daß die ländlichen Arbeiter in Mecklenburg größtentheils ein vor Mangel bewahrtes Leben führen können, und daß ihr Einkommen dasjenige vieler städtischen Arbeiter und kleiner Handwerker sowie mancher Angestellten übersteigt.

II. Aber wenn auch eine Unzureichlichkeit des Einkommens der ländlichen Arbeiter nicht vorliegt, so sind doch Gründe vorhanden, welche zu ihrer Unzufriedenheit und Auswanderungslust beitragen mögen.

1. Da die Bedürfnisse des unverheiratheten Gesindes gegen früher bedeutend gestiegen, so ist der Ueberschuß aus ihrem Einkommen geringer.

2. Es wird den Katenleuten auf den Höfen nicht selten schwer, ihrer Verpflichtung zur Haltung eines Hofgängers zu genügen.

3. Obgleich im Großen und Ganzen die ländliche Arbeitszeit im Durchschnitt des ganzen Jahres kaum 10 Stunden überschreitet, so wird die Mußezeit der Katenleute häufig beschränkt durch die Arbeiten, welche sie auf die Verwerthung ihrer unverhältnißmäßig reichlichen Emolumente verwenden müssen.

4. Die Mehrzahl der Mecklenburgischen Katenleute unterschätzt den Werth des Naturaleinkommens und überschätzt den Werth des baaren Geldes.

5. Die Arbeiter ersehnen eine größere Ungebundenheit in ihrer Lebensstellung.

6. Sofern die Bevölkerung wünscht, dies Streben nach größerer Ungebundenheit durch Erwerbung eines ländlichen kleinen Grundeigen=thums in der Nähe ihrer Heimath zu erfüllen, bietet die gegen=wärtige agrarische Gesetzgebung in Mecklenburg größere Hindernisse, als in anderen Ländern.

7. Die industriellen Unternehmungen in Verbindung mit der schrankenlosen Freizügigkeit entziehen dem platten Lande seine Arbeitskräfte.

8. Die allgemeine Wehrpflicht, die seit 1866 längere Dienstpflicht, die dadurch dem Arbeiterstande erwachsenden größeren Kosten und die Furcht vor einem neuen großen Kriege veranlaßt eine große Zahl von Arbeitern, sich ihrer Militairpflicht auf erlaubtem oder unerlaubtem Wege zu entziehen.

III. 1. Die Schilderungen der nach Amerika vorangegangenen Freunde und Verwandten, phantastische Vorstellungen über die Ver=hältnisse in Amerika, eine um des schnöden Gewinnes willen im Lande schleichende Ueberredung und Verleitung, sowie manche unwahren Schilderungen über die Verhältnisse in anderen Ländern, welche bei Verschweigung wichtiger Momente verbreitet werden, tragen dazu bei, die Reihen der wohlhabenden Landbevölkerung zu lichten, deren noch nicht arbeitsfähig gewordenen Zuwachs die entstandenen Lücken bis dahin nicht wieder ausfüllen konnte.

2. Während mit dem steigenden Wohlstande die ländliche Bevölke=rung an Arbeitsfähigkeit gewonnen hat, minderte sich ihre Zufriedenheit und Arbeitslust und der Versuch zum Bruch des Arbeitsvertrages ist keine Seltenheit.

3. Die Ackerbau treibende und daher besonders militairdiensttaugliche Bevölkerung Mecklenburgs befindet sich wegen Erfüllung der allgemeinen Wehrpflicht im Nachtheile gegenüber der städtischen und der Industrie=Bevölkerung.

4. Die freien Arbeiter im Domanium stellen für die Höfe eine geringere Arbeiterzahl, sofern nach Durchführung der allgemeinen Ver=erbpachtungs=Maßregel die dortigen bäuerlichen Wirthe ihre Wirthschaften energischer und intensiver betreiben.

IV. Wenn Mecklenburg auch durch die Auswanderung besonders empfindlich berührt wird, so werden doch auch andere Länder des deutschen Reiches kaum minder davon betroffen.

V. Von den in den Referaten vorgeschlagenen Mitteln zur Be=schaffung eines Ersatzes für fehlende Arbeitskräfte ist besonderer Werth zu legen auf die Beförderung und Erleichterung der Niederlassung geborener Mecklenburger auf Höfen und in Dörfern und auf die Colonisation im ganzen Lande, um den kleinen Grundbesitz und nament=lich, um die Grundbesitzerstellen für ländliche Arbeiter zu vermehren.

VI. Was noch für eine fernere glückliche Ordnung unserer Mecklen=
burgischen ländlichen Arbeiterverhältnisse beachtenswerth erscheint, kann
kurz in folgende Punkte zusammengefaßt werden.

1. Jede Aenderung in den bestehenden Verhältnissen ist mit Vorsicht
einzuleiten, damit nicht ein günstiger Erfolg der beabsichtigten Ver=
änderung vereitelt werde.

2. Wo etwa der übliche Lohn den Arbeitern keine ausreichende
Existenz gewährt, muß ihre Stellung aufgebessert werden.

3. Jeder Dienstherr wird es als seinen Beruf erkennen müssen, in
religiöser und sittlicher Beziehung auf die Arbeiter erziehend und hebend
einzuwirken. Insbesondere müssen deren Vertreter eine menschenfreund=
liche und gerechte Behandlung der Arbeiter sich angelegen sein lassen.

4. Die Einrichtung der Arbeiterwohnungen muß der Gesundheit
und dem Wohlbefinden der Arbeiter, sowie der sittlichen Gestaltung des
Familienlebens Rechnung tragen. Kostbare Bauten sind zu vermeiden.

5. Eine angemessene Abkürzung der an einigen Orten üblichen
Arbeitszeiten ländlicher Tagelöhner ist für deren materielle, geistige und
sittliche Hebung eine Nothwendigkeit. Dieselbe liegt zugleich im Interesse
der Arbeitgeber, wie der nationalen Production überhaupt.

6. Daß die Löhnung theils aus baarem Gelde, theils aus Naturalien
bestehe, ist für alle ländlichen Arbeiter wünschenswerth. Das in früheren
Zeiten richtige Verhältniß des Naturallohnes zum Geldlohne ist aber in
Folge der neuen Preisverhältnisse nicht mehr zutreffend. Der Natural=
lohn der Katenleute ist daher an den meisten Stellen niedriger, dagegen
der Geldlohn höher zu bemessen.

7. Die übliche Dienstleistung durch Dienstboten — Hofgänger —
der Katenleute ist möglichst aufrecht zu erhalten. Katenleute, welche
keinen Hofgänger zu halten wünschen, müssen in ihren Emolumenten
beschränkt werden.

8. Es empfiehlt sich, passende Arbeiten mehr als sonst an Arbeiter
und deren Dienstboten in Accord zu geben.

9. Die Tantiémelöhnung wird ein Sporn sein zu größerer Pflicht=
treue und wird zugleich die Seßhaftigkeit der Arbeiter erhöhen. Die
vorsichtige Befolgung dieses Lohnsystems sichert dem Arbeiter einen mit
der steigenden Productivität der nationalen Arbeit mitsteigenden Lohn.

VII. Um nun eine solche zweckmäßige Ordnung der ländlichen Arbeiterverhältnisse herbeiführen zu können, sind an die Gesetzgebung folgende Forderungen zu stellen:

Revision der Großherzoglich Mecklenburgischen Verordnung vom 15. Mai 1848, betreffend Schieds-Commissionen für streitige Verhältnisse der Hoftagelöhner.

Aufhebung der bestehenden Regulative auf Wunsch der Betheiligten.

Errichtung eines ständigen Arbeitsamtes an Stelle der bis dahin für jeden besonderen Fall ernannten Schiedscommissionen.

Schärfere Controlle der inländischen Agenturen durch die Landesregierung und des Auswanderungswesens in den Einschiffungsorten durch die zuständigen Behörden.

Der dolose Bruch des Arbeitsvertrages, sei es von Seiten des Dienstherrn, sei es von Seiten der Arbeiter, ist unter das Strafgesetz zu stellen.

Zur Uebertragung gewisser Kosten der Armenpflege, welche einer einzelnen Gemeinde oder Ortschaft erwachsen sind, auf die sämmtlichen Gemeinden und Ortschaften eines größeren Bezirks, ist im ritterschaftlichen Landestheile eine Gemeindeordnung zu vereinbaren.

Den Gemeinden muß das Recht zugestanden werden, gewisse Garantieen zu fordern, daß nicht in Folge der nackten Freizügigkeit die Armenlast unerschwinglich wird.

www.ingramcontent.com/pod-product-compliance
Lightning Source LLC
Chambersburg PA
CBHW030547270326
41927CB00008B/1555